マルティーヌの
テーブルコーディネート

食卓まわりに、遊び心いっぱいの小さな工夫

マルティーヌ・カミリエリ
協力 ヴァレリー・シャザル、フレドリック・ルバン

アスコム

本書は、毎日の食卓を楽しむためのアイデアをたくさん集めた、小さなバイブルです。おうちの台所の棚から何の変哲もない食器を取り出して、シンプルで、それでいて驚きのアイデアを生かし、寄せ集めたり、重ねたり、逆さにしたり……。きっと、楽しい気持ちになるはずです。

この本は、「DIY（Do it yourself）」世代にぴったりの、すぐに実現できるアイデアを提案しています。身の回りで見つかるオブジェを使って、詩心たっぷりに自分だけのオーダーメイドのテーブルを演出してください。

またこの本は、エコロジー本でもあります。廃棄物は控えて、リサイクルを心がけ、いろんな用途を発見するのです。たとえば、枯れかけた花でも、まだ美しさが残っているうちは捨てない……。行きすぎた消費を避け、ときにはつまらないと感じる物を、優しい気持ちとユーモアで見直してみてください。そうすれば、きっと、自分らしく演出した普通のガラスのお皿ほどすてきなものはないと、気づくはずです。

食堂のお皿 p.6 ／ ごく普通のガラスのコップ p.14 ／ 素朴な透明素材のサラダボウル、コンポート皿、鉢、小鉢、焼き型 p.22 ／ 選別には細心の注意を。プラスチック製のボトルはもう捨てない p.32 ／ ガラス製のボトル p.38 ／ 枯れかけの花 p.46 ／ 近所の雑貨店で買ってきた使い捨ての食器で美しく演出する p.54 ／ 実用的で経済的、かつ美しいビュッフェをイメージ。オルガの誕生日で実践してみる p.68 ／ さらに、中華のテイクアウトでエキゾチック・シックなディナーの演出に挑戦 p.86 ／ ボンベイ・ライス・エクスプレス p.96 ／ ハロウィーン・パーティー p.102 ／ 即席のピクニック・パーティー p.104 ／ では、とっておきのパーティー週間を美しく演出することに挑戦。まずはクリスマス p.108 ／ クリスマスのレシピ p.122 ／ そして明かりをいっぱい灯した大晦日 p.138

最後に、お休みなさい。

※電気やろうそくを使ったものもご紹介していますが、実行する場合は、安全性を十分にご確認ください。また、小さいものに関しては、お子さまが誤ってのみこまないようご注意ください。

L'ASSIETTE DE CANTINE
食堂のお皿

大海の前菜　ENTRÉE OCÉANE

雑誌に載っている魚料理のレシピから、きれいな写真を見つけます（だまし絵効果を狙って、実物大のものが理想的）。お皿２枚の間にこの写真を敷き、縁に沿って丸く切ります。上にのせたお皿の方に、おのおの好きなようにもう一工夫。パセリを添えたり、グリーンペッパーを数粒ほど散らしたり、もしくはそのままで……。最後に、サーディンを美しく並べます。

ビタミンたっぷりのデザート ET DESSERT VITAMINÉ

ちびっ子にしっかり果物を食べさせるためのアイデア。漫画のページを切りとって、前ページで紹介したのと同じ手順で準備します。話の最後が知りたければ、お皿の上のみかんや梨、りんごを食べなければダメというわけ（ジグザグばさみを使わなくてもＯＫ）。

お皿で伝言 ASSIETTE À MESSAGES

2枚のお皿の間にメッセージをしのばせます。私の電話番号は……／君が欲しいよ／ビアリッツ*に一緒に来てくれない？／だんなさま、今度は女の子よ／ガレーンに君へのささやかなプレゼントが待っています／お金が入ったらどこかに連れて行ってくれる？
1枚目のお皿に甘い言葉や写真、思いをこめた小さなオブジェを並べ（写真の数字のように平らかもしくは同じ高さのもの）、2枚目のお皿に料理を盛りつけます（夏ならガスパッチョ、冬ならポワローねぎのスープなど）。2枚のお皿を重ねて食卓に出したら、あとはにっこり笑って反応を待つだけ。
*ビアリッツ：スペイン国境に近いフランスの高級リゾート地。

LE VERRE BANAL
ごく普通のガラスのコップ

ロマンチックなろうそく立て BOUGEOIRS ROMANTIQUES

今日のメインはチーズだけ、というようなディナー。ということは、飲み水用のガラスコップは用なし。だって、チーズにお水なんて、ウッ！ やはり、ここはワインでしょう。ハーブやつげ、タイム、ローリエなどを差したガラスコップを逆さにして、その上に小さなろうそくを置きます。火を灯したら、それだけでロマンチック。かわりに紙テープやカラフルなボンボン、金たわし、赤や緑の唐辛子、びくっとするけれどクモのおもちゃを使うのも、一度試してみる価値ありです（ガラスコップなら、ゴブレットでも足つきでもなんでもOK）。

逆さに置いたり、そのまま置いたり
À L'ENVERS / À L'ENDROIT

ガラスコップを逆さに置いて、クローシュ*として使います。チーズにハエがたからないように……。または、ガラスコップをそのまま置き、あら塩を入れて、卵立てに。これなら、半熟卵がまっすぐに固定できるので、おすすめです。
*クローシュ：つりがね型のチーズを保存するためのガラス器。

TOUS LES SALADIERS TRANSPARENTS

素朴な透明ガラス製のサラダボウル、いろいろ

逆さに置いて À L'ENVERS

逆さに置けば、なかのチーズを理想的な温度で保つクローシュに。やはり逆さに置いて、お菓子用プレートとして、上にクッキーを並べてみるのもいいでしょう（逆さに置いたサラダボウルの内部にツタのつるを巻いて入れ、その上に紙ナプキンを敷きます。また底の丸いサラダボウルの場合は、平らな皿を上にかぶせます）。

ガラスのショーケース VITRINE

用意した料理をそれぞれプレートにのせます。サラダやチーズ、デザートなどにサラダボウルをかぶせて、大きい順に積み重ねます。いただく際に必要なお皿は、間に重ねていきます。美しくできあがった「ガラスのショーケース」を、そのままテーブルの上に運びましょう。

ミスマッチ COMPILATIONS

造花を入れたサラダボウルを積み重ねて、ベリー味のヨーグルトなどごくごくシンプルなデザートを、おごそかにサーブしてみます（必要な場合は、お皿を間に入れて固定）。カラフルなチュールレース*をサラダボウルいっぱいに詰めて積み重ね、大きなろうそく立てに仕立てます。

* チュールレース：絹やナイロン製など網状の薄い生地。ベールやバレエ衣装などに用いる。

ドラジェ*の噴水 FONTAINE À DRAGÉES

世界で一番きれいなウエディングドレスを身にまとう大切な日だから、生まれてからこれまでに見たこともないほど美しい、ドラジェの噴水を作りましょう。少しずつ大きさの違うサラダボウルにチュールレースをつめ、サラダボウルより大きめのお皿を挿入しながら固定し、大きい順に重ねてドラジェを飾ります。写真に撮っておくのをお忘れなく……。
*ドラジェ：砂糖またはチョコレートでくるんだお菓子。

LES BOUTEILLES EN PLASTIQUE
プラスチック製のボトル

花のろうそく立て-その1 PHOTOPHORE-FLEUR 1

オランジーナ*のプラスチックボトルの首部分をざっくりとカットします。次に水を注ぎ入れ、お花を何輪か飾ります。最後に首部分を逆さに置いて、ろうそくを立てましょう。

*オランジーナ：フランスの炭酸オレンジジュース。果肉が入っているのが特徴。

花のろうそく立て-その2 PHOTOPHORE-FLEUR 2

1／ミネラルウォーターのボトルを高さ半分のところでカットします。注ぎ口を下にして重ねます。2／水を注ぎ入れて安定させ、花を1輪飾ります。風が火を吹き消さないように、切ったボトルの高さに満たない丈のろうそくを立てます。3／ろうそくの丈が高すぎる場合は、ナイフで切ります。4／小さな丸型キャンドルを浮かべてもいいでしょう（この場合、上に重ねたボトル部分まで水を注ぎます）。

ミレイユ*流の花瓶 VASE DE MIREILLE

洗剤やケチャップ、マヨネーズなどの容器やボトルを集めてとっておきます。中身を空にしてすすいでから、さらにぬるま湯に浸けてラベルをはがします。これらのボトルに花を1輪ずつ挿して、曲線を描くように横一列に並べていきます。自然を愛するなら、環境に悪影響を及ぼす成分を含んだ製品は避けましょう。

*ミレイユ:フランス版『エル・デコレーション』のインテリア・ジャーナリスト。このアイデアを同誌に発表、好評を得ました。

POUR LA TRANQUILLITE D...
MERCI DE NE PAS JETER VO...
ENTRE 22 heures et ...

LA BOUTEILLE EN VERRE
ガラス製の瓶

バナナの葉の花瓶
VASE BANANIER

輸入食料品店でバナナの葉を買います。ボトルの高さに合わせてカットして側面に巻きつけ、茶色の輪ゴム数本を使って下の部分を留めます。一束のバナナの葉で、ボトル10本分の花瓶が作れます。

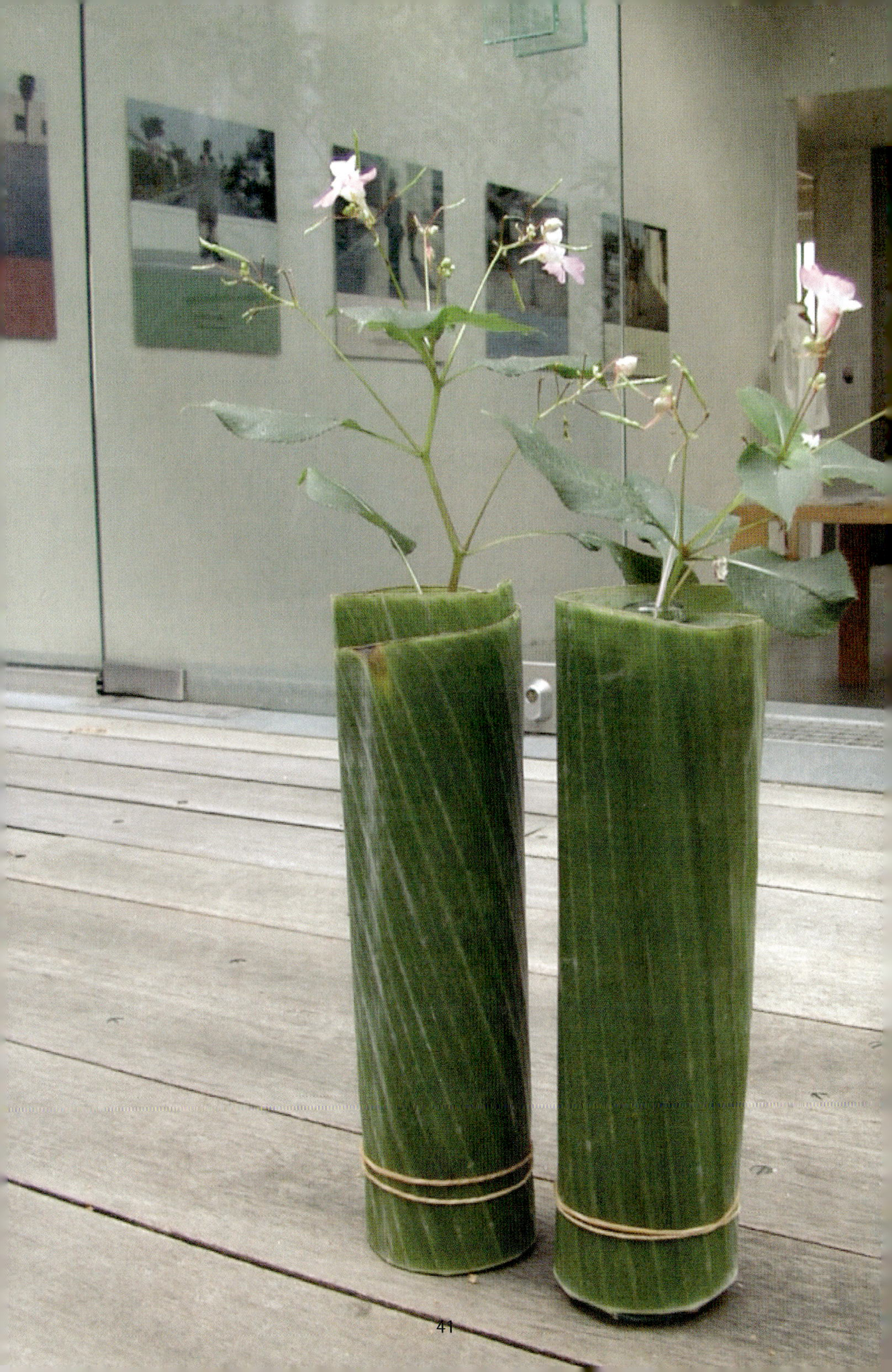

冷たい飲み物 BOISSONS FRAICHES

自家製の飲み物を入れたボトルを飾ります。食器洗い用のプラスチックネットを伸ばして、ボトルにかぶせます。ネットのせいでとても滑りやすいので、注ぐときはしっかりつかんでください。

デンマーク風花瓶 VASE DANOIS

壁紙を裏面の粘着シートをはがさずに、普通の紙のようにボトルに巻いて覆っていきます。貼らない壁紙というのも、なかなかいいものです。

豪華な花瓶（次のページ）VASE DE LUXE

高級ファッション誌からお気に入りの写真ページを切りとって、ボトルに巻いてセロハンテープで留めます。さらに写真集に使われる保護用ビニールカバーで覆って、統一感を持たせます。そのカメラマンを個人的に知っていると、自慢してみては。

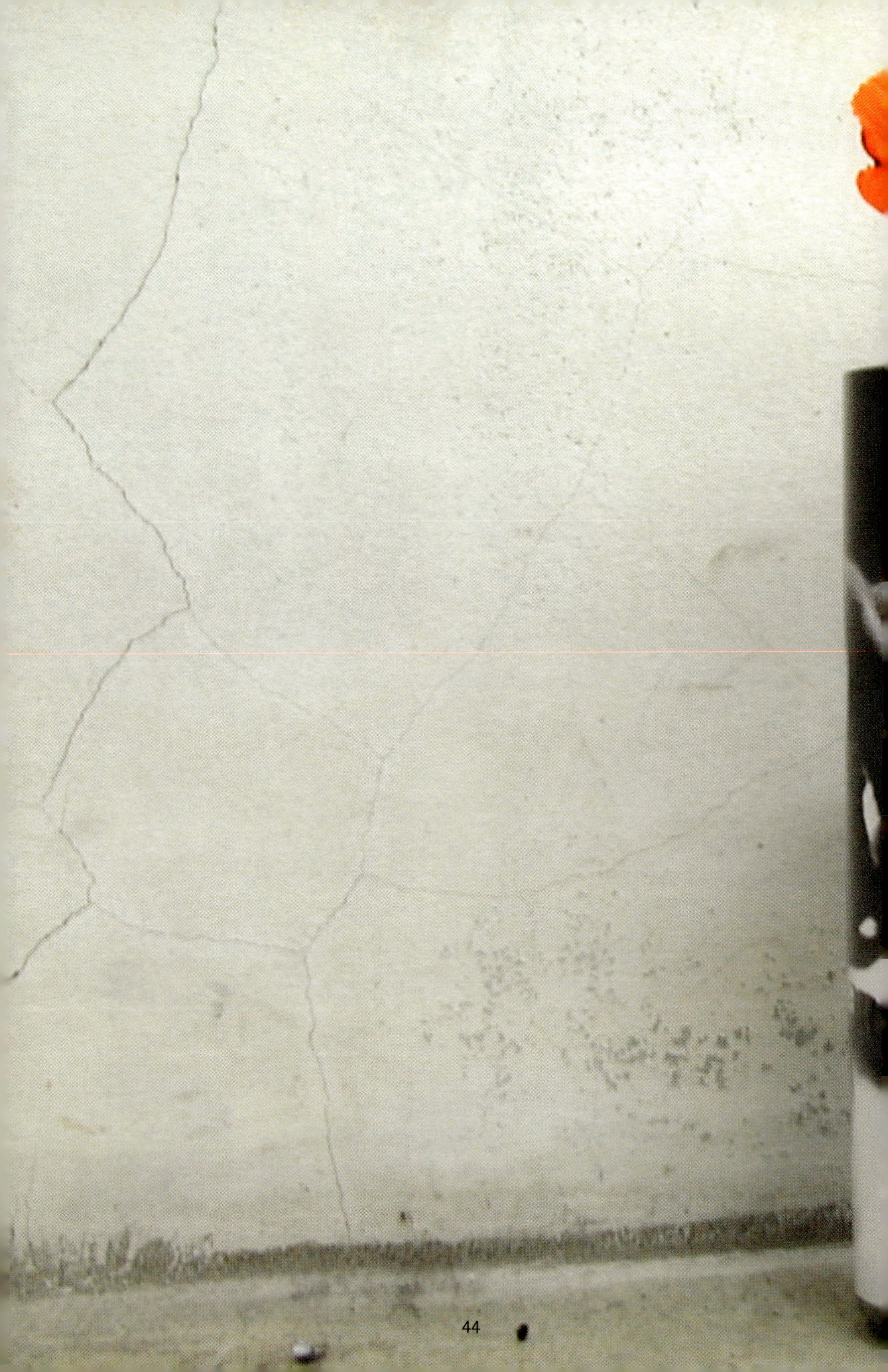

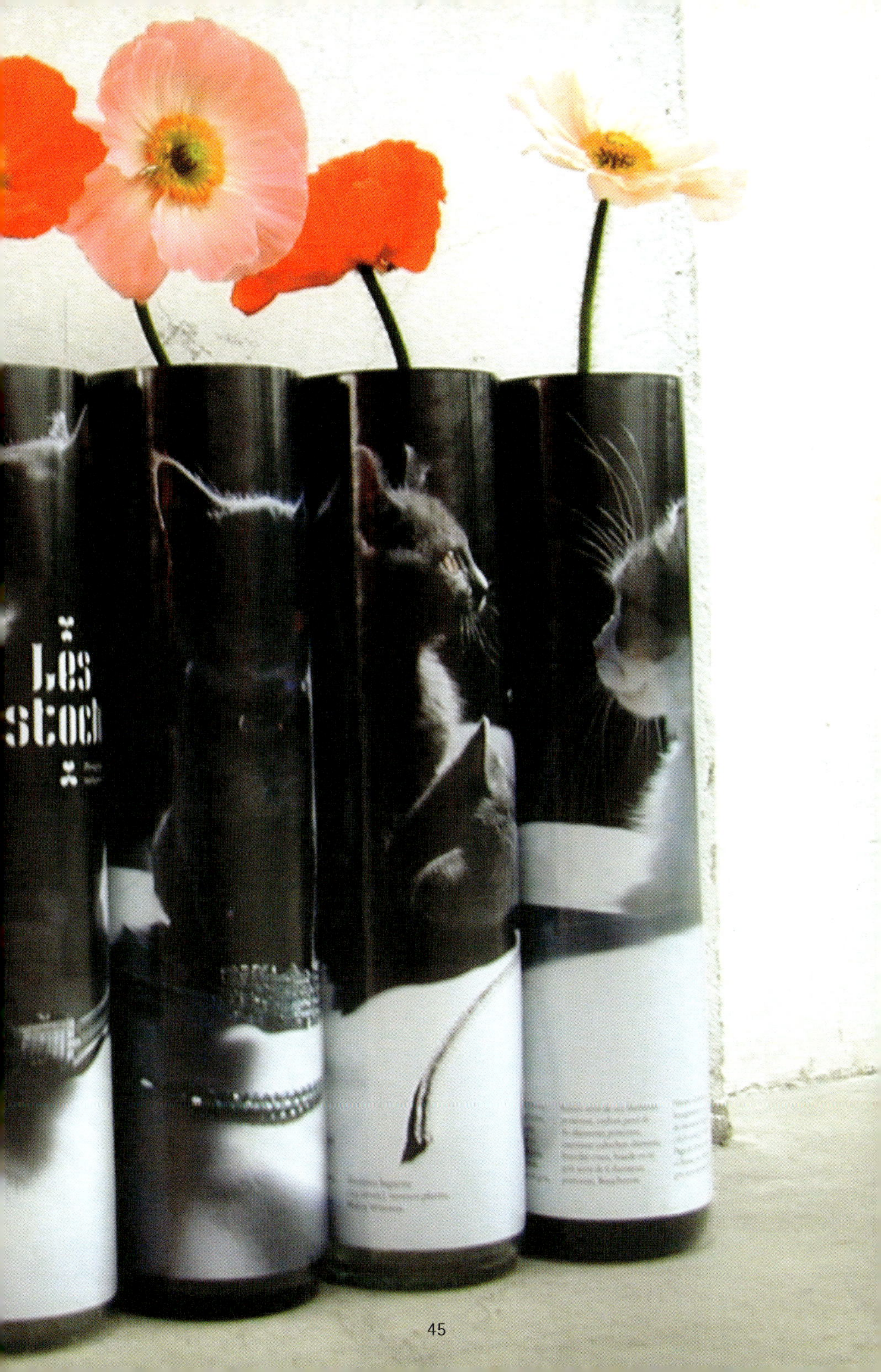
Lès

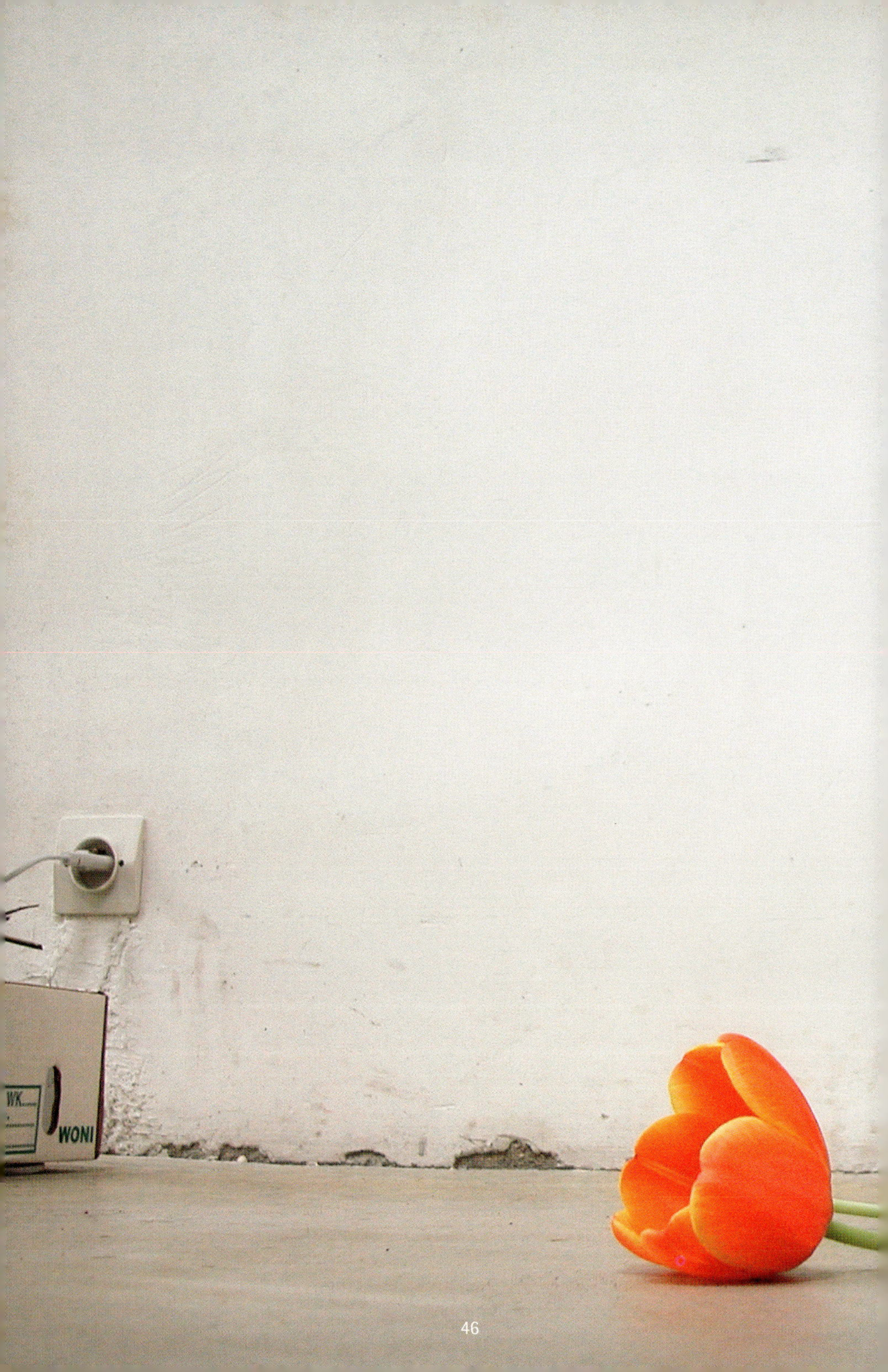
WONI

LES FLEURS PRESQUE FANÉES
枯れかけの花

枯れてもブーケ BOUQUET FINAL

花が枯れてしまっても、どうか捨ててしまわないで。ブーケは予想していなかった姿に変身するし、落ちた花びらはテーブルを飾るのにとても役立ちます。チューリップやアネモネの花束をもらったときに……。

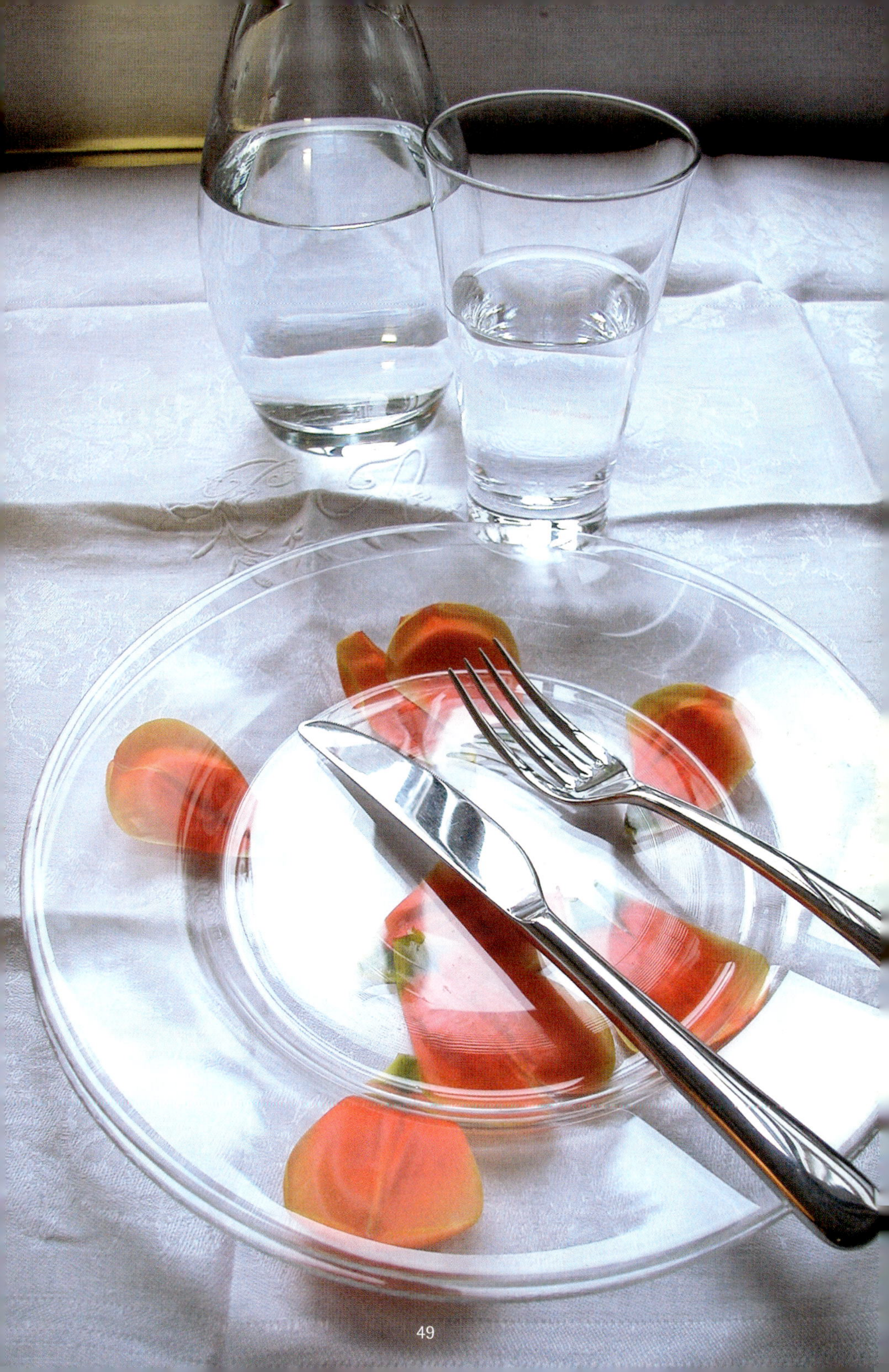

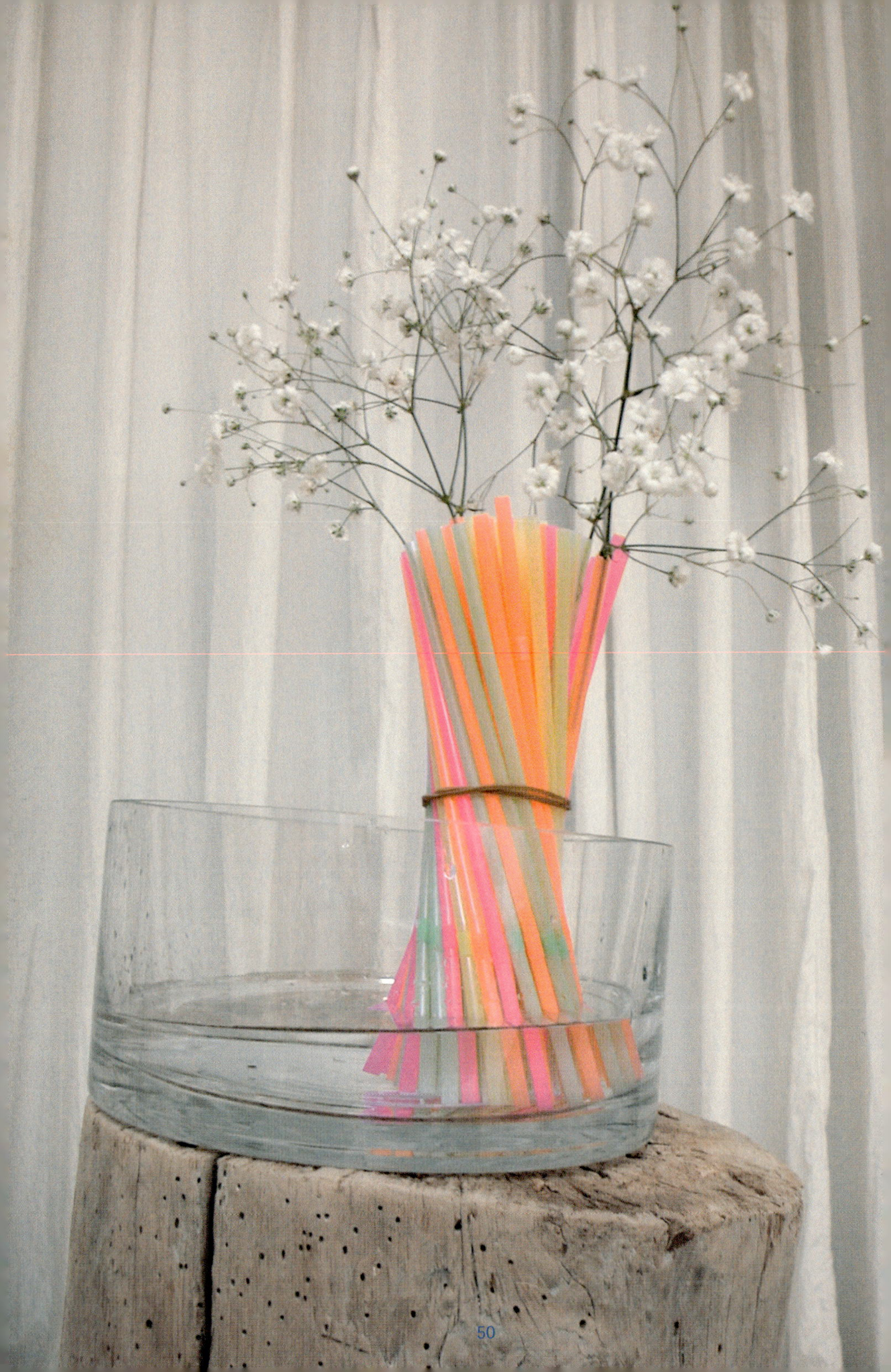

挿し花 PIQUE-FLEURS

挿し花を楽しくふんだんに飾ります。カラフルなストローをまとめて輪ゴムで留め、その間に少し前にいただいたブーケから枯れていない花2輪ほどを選んで挿します。同じく、カラフルなプラスチックネットにも別の花を1輪ずつ挿してみます。水をあげるのを忘れずに。

チューリップの一輪挿しの
最高に芸術的な飾り方 PLUS QU'UNE TULIPE

ヨーグルトの空き瓶に水をいっぱいにはってから、じょうごを逆さにしてかぶせます。そこにチューリップを1輪挿したら、あとはこの芸術作品に寄せられる賛辞を、ただただ待つばかり。

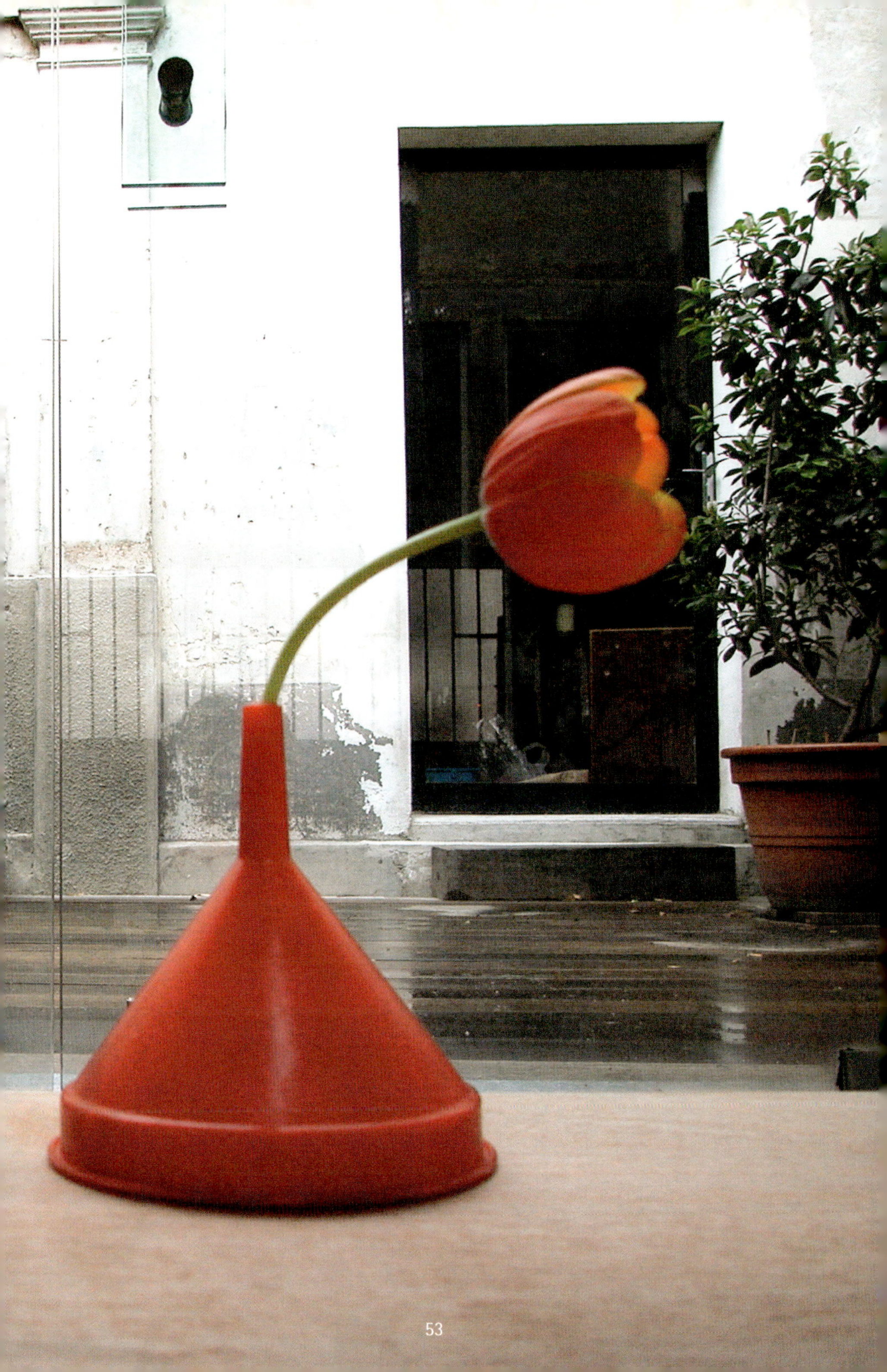

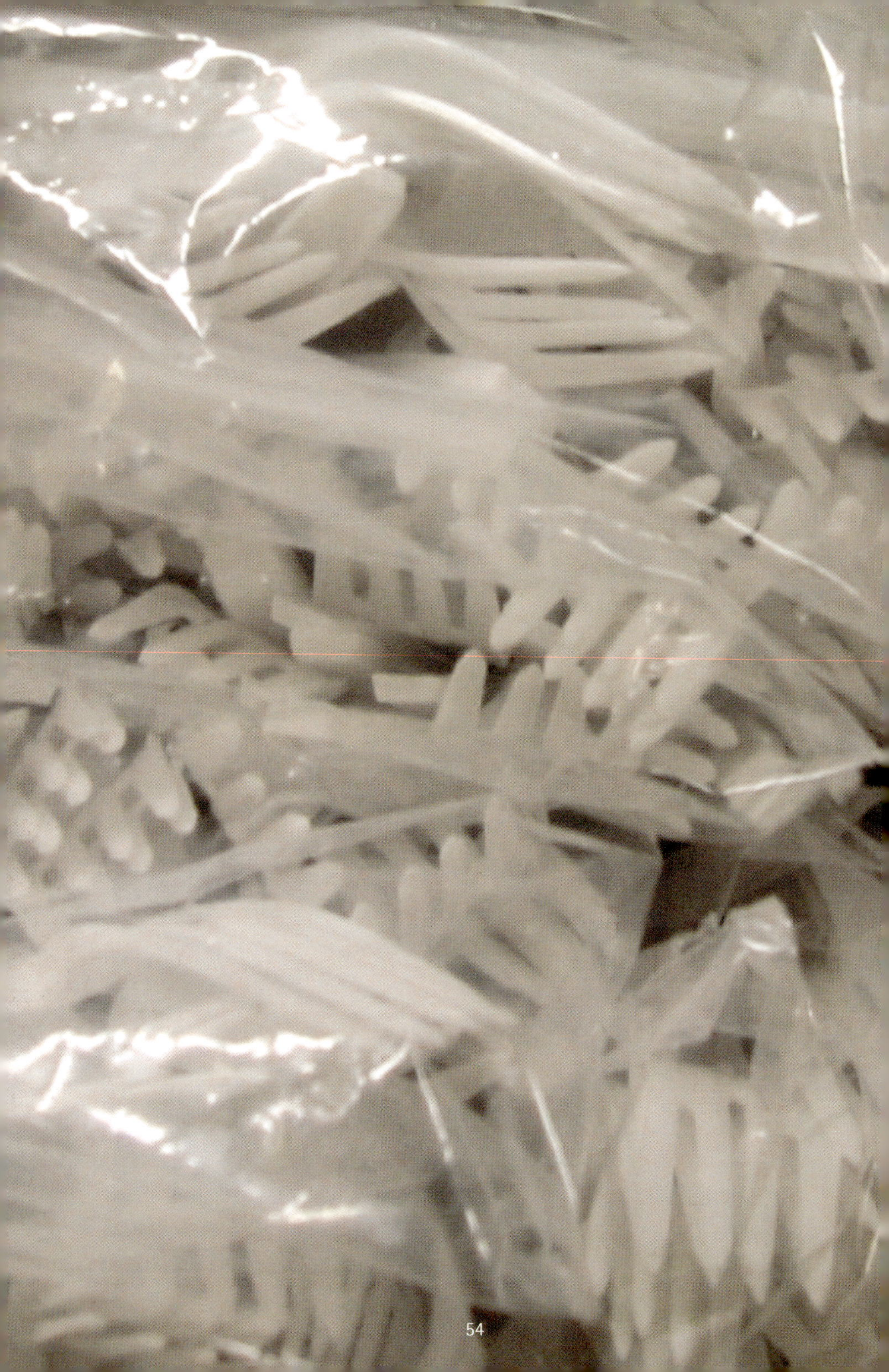

LE PLASTIQUE PRATIQUE
使えるプラスチック

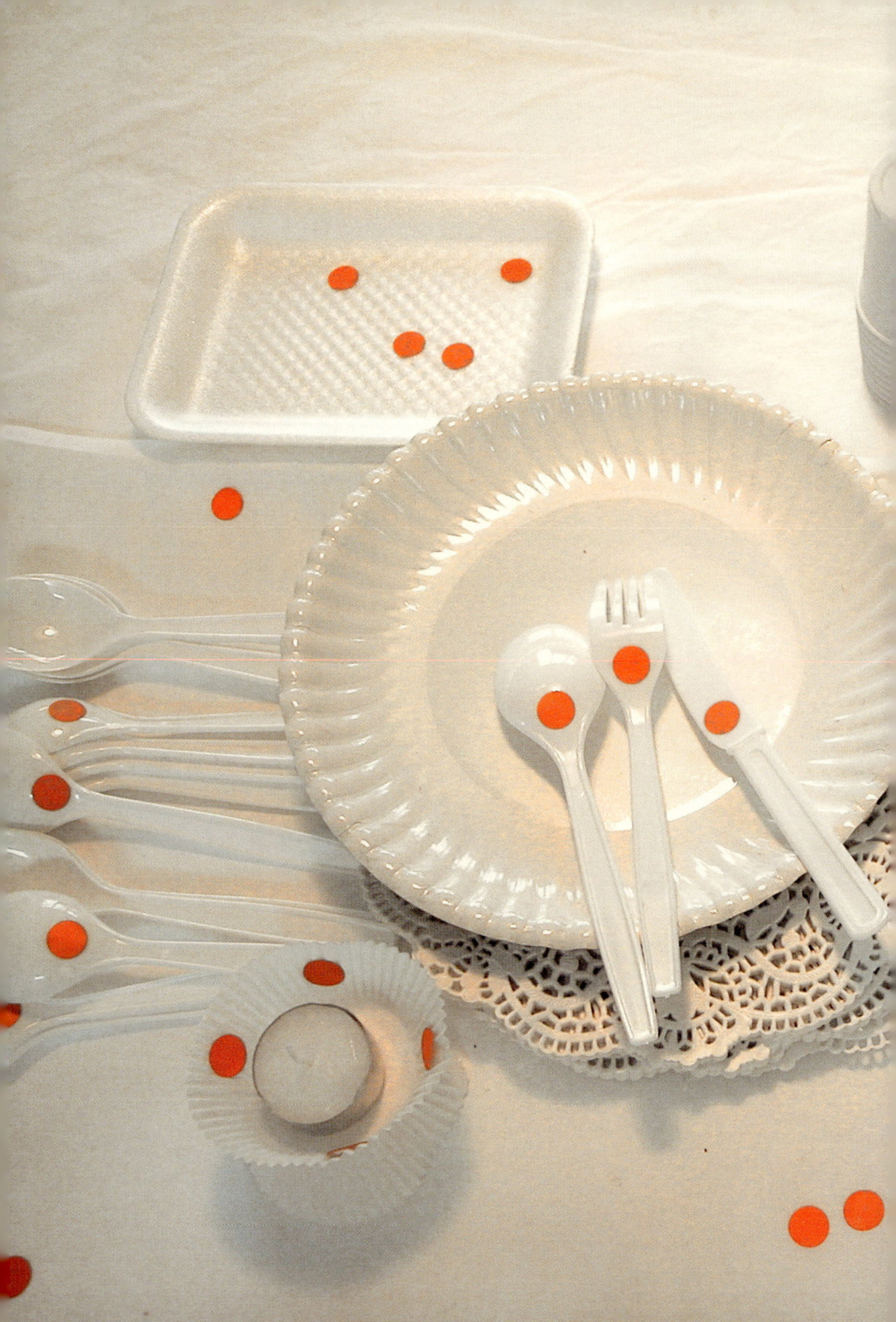

使い捨ての白い食器を美しくデコレート
ENJOLIVER SON JETABLE BLANC

真っ白いテーブルクロスを敷き、やはり白いプラスチック製の使い捨てプレートやナプキン、ナイフ、フォーク、スプーン、ゴブレットを重ねたまま置きます。次に小さな赤いシールを、さいころの目のように、アトランダムに貼りつけます。全部に貼る必要はありません。飾りすぎてしまうと、美しさが死んでしまいます。

使える詩心 PRATIQUES ET POÉTIQUES

脚の部分をあとづけするタイプの、プラスチックグラスを買い求めます。組み立てる際、いろいろなオブジェをグラスと脚の間に挟んで固定します。こうすると詩心のある美しい演出に。パーティーの間、自分のグラスを見失ってしまうこともないので便利。

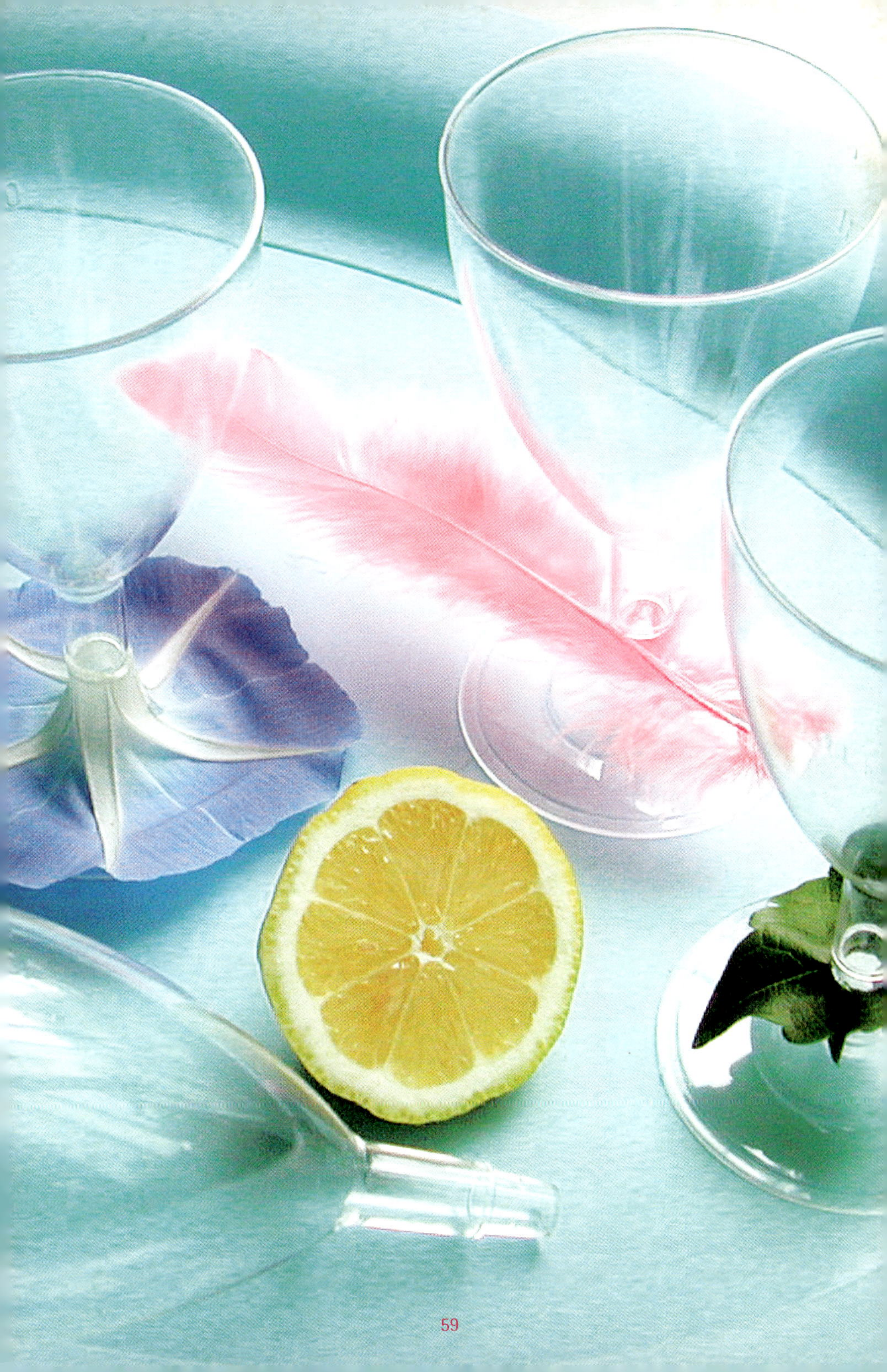

宙吊りビュッフェ
BUFFET SUSPENDU

洗濯乾燥用コードを張って、いろんなものを洗濯ばさみで吊るしましょう。紙ちょうちんはフォークやナイフ、スプーン、ストロー立てに、洗濯乾燥用クリップハンガーは食器サーバーやスパイス・バーに、クリップつきバスケットはパンかごに変身します。こうすれば、ダンスフロアのスペースが広くとれるというわけ。

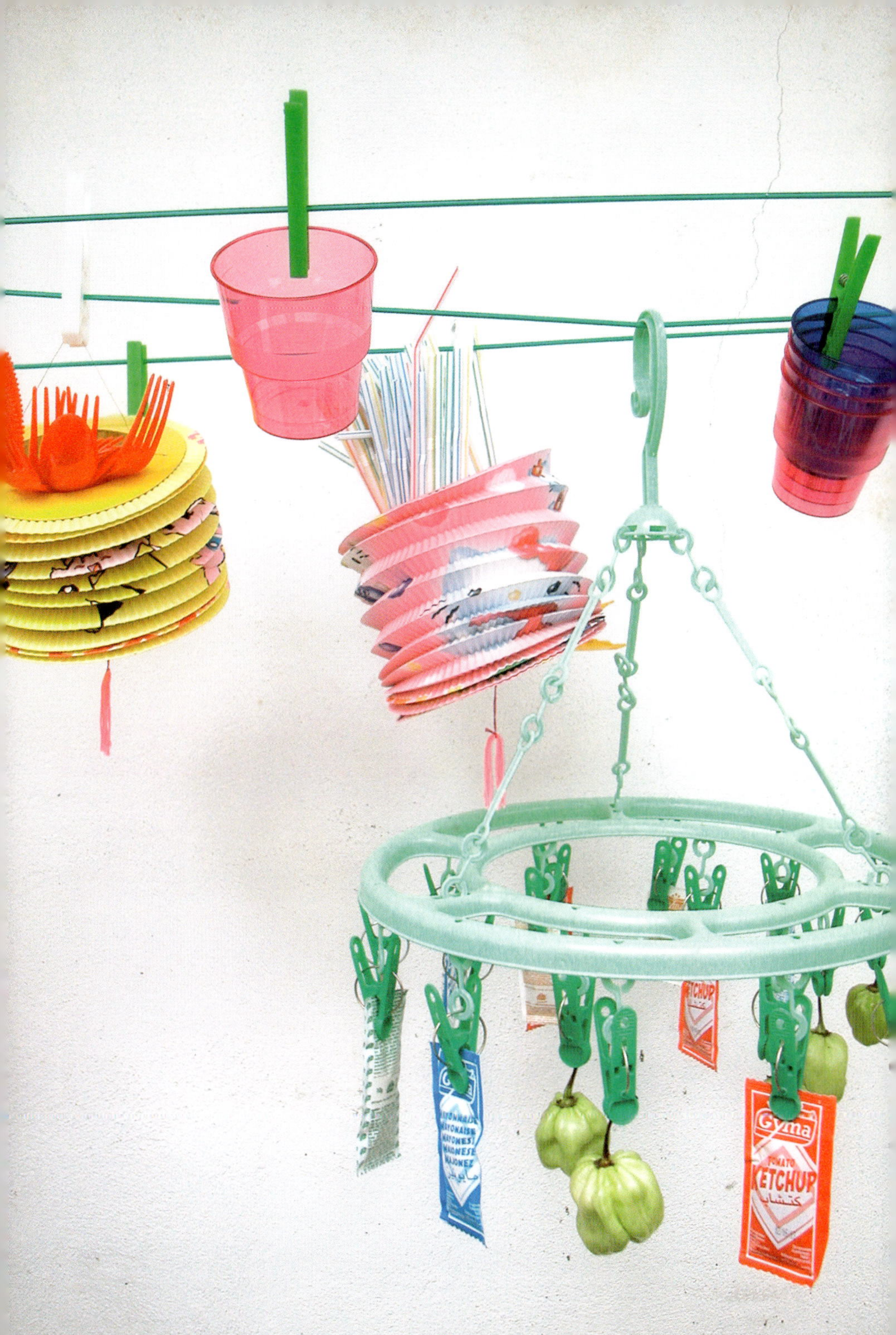
Gyma
TOMATO
KETCHUP
كتشاب

パーティーの夜を飾るシャンデリア
LUSTRE CIEL DE FÊTE

パーティーの空を星で飾るために、洗濯乾燥用のクリップハンガーを活用します。1／お花のシャンデリア（各クリップに造花を1輪ずつ）。2／宙吊りの花瓶（プラスチックコップをクリップ2つでしっかり固定し、水を注いで、短く切った生花を飾ります）。3／香りのシャンデリア（プラスチックコップにお湯を注ぎ、エッセンシャルオイルを数滴たらします）。これら3つはどれも、下から見上げると美しい演出。

ビュッフェスタイルの前菜
（次のページ）BUFFET APÉRO

フルーツの運搬用段ボール箱に底敷きしてある、ハチの巣状に型押ししたプラスチック製プレートをとっておきます（穴のあいていないもの）。きれいに洗ってから、アペリティフ（食前酒）用の前菜、ウーモス*やタラマ**、なすのピューレ、ザジキ***、グアカモル****を盛りつけます。星が輝く夜空のもと、屋外パーティーを楽しんで。

*ウーモス ：レバノン料理。煮てつぶしたエジプト豆をごま油と混ぜ合わせたもの。
**タラマ ：たらこのペースト。
***ザジキ ：ギリシャ料理。ヨーグルトにすりおろしたきゅうり、にんにく、オリーブオイル、塩こしょうを加えたもの。パン、肉、魚料理につけて食べる。
****グアカルモ：中南米料理。アボカドのピューレに、唐辛子、にんにくで香りをつけたもの。

1

2

3

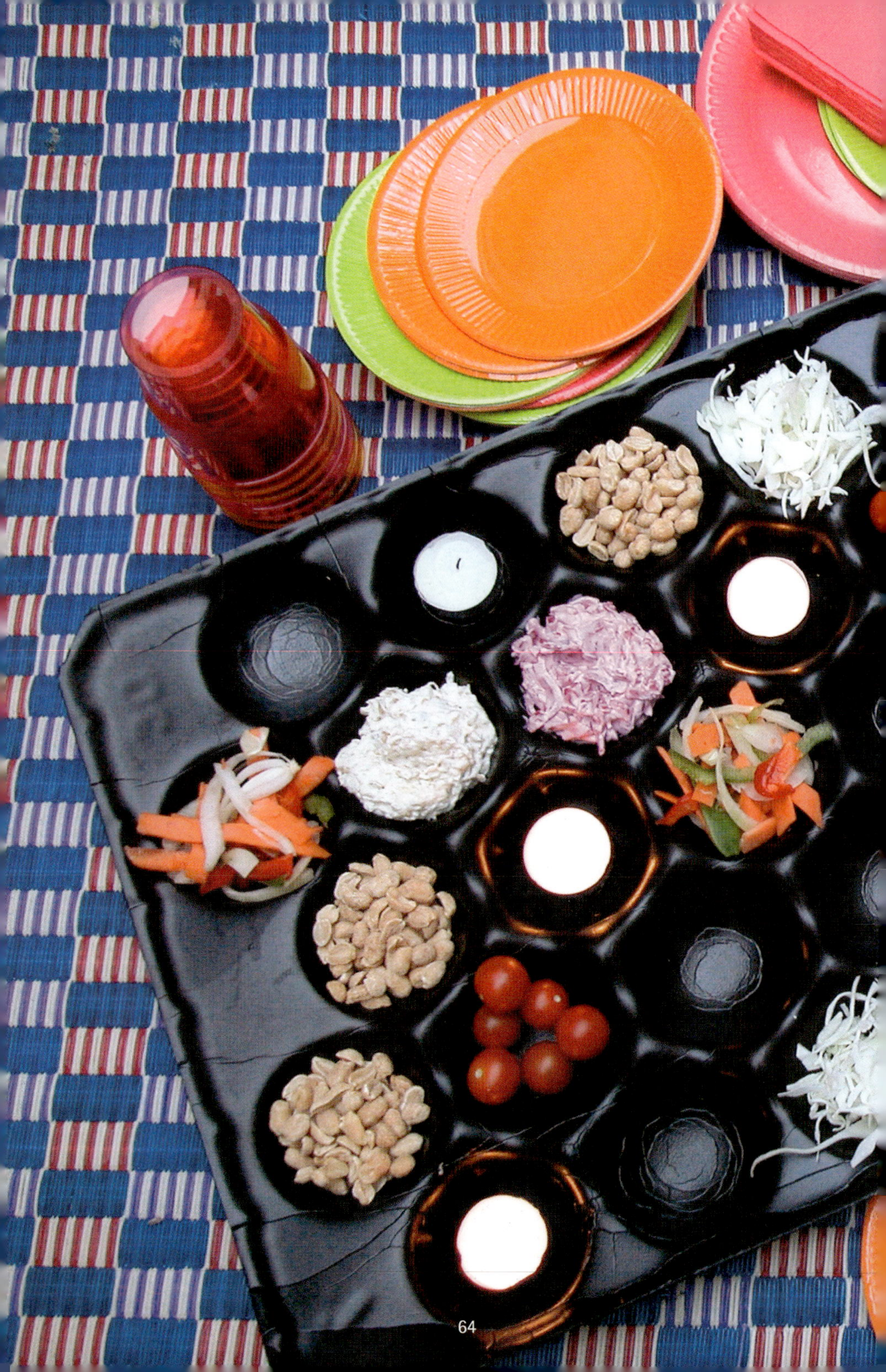

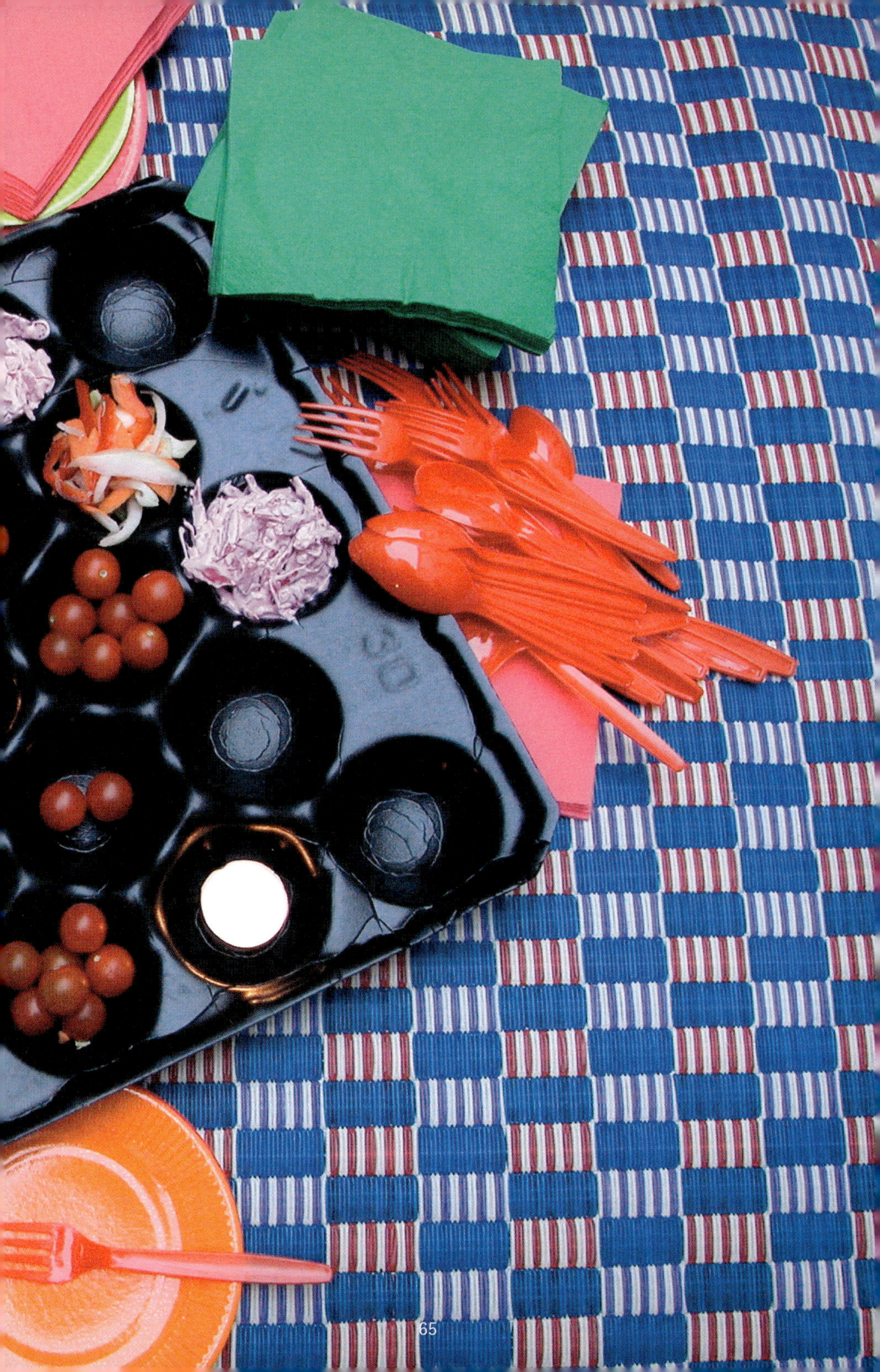

パーティーの終わり FIN DE LA FÊTE

お皿やカップ、フォーク、ナイフ、スプーン、食べ残しもすべて、テーブルクロスに使った雨よけ保護シート（日曜大工用品コーナーで売っている透明のプラスチックフィルム）にくるくると包んでしまいます。エイッ！と一気に。これでテーブルの片づけは完了です。

67

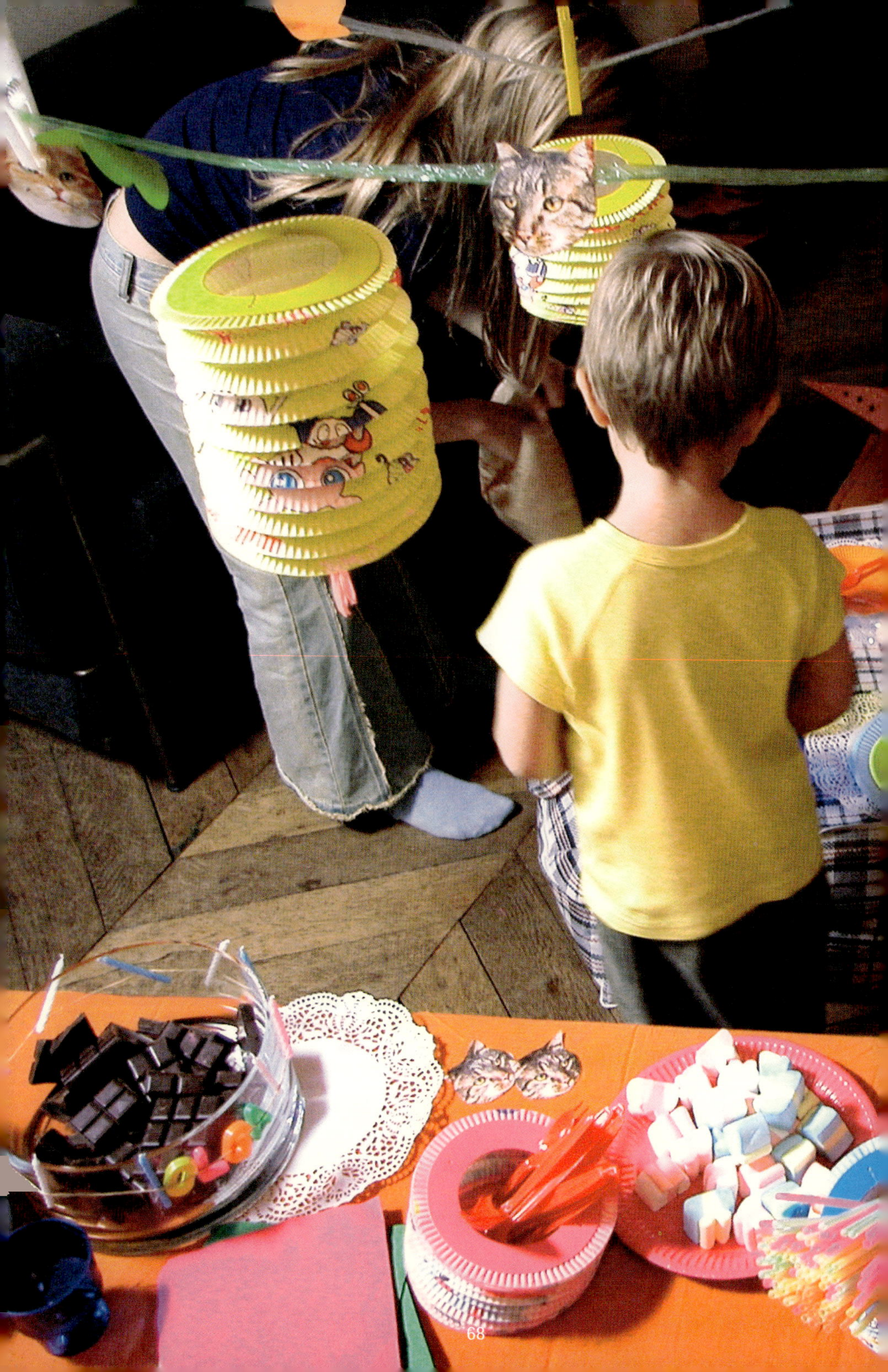

L'ANNIVERSAIRE D'OLGA
オルガの誕生日

子猫の飾り GUIRLANDES DE CHATONS

キャットフードの箱から猫の顔の絵を切りとります。部屋のよすみにビニールのひもを張り、画びょうで留めて、洗濯ばさみを使って切りとった絵を吊るします。紙ちょうちんも交互にぶら下げます。家で猫を飼っていれば、簡単にできるデコレーション。

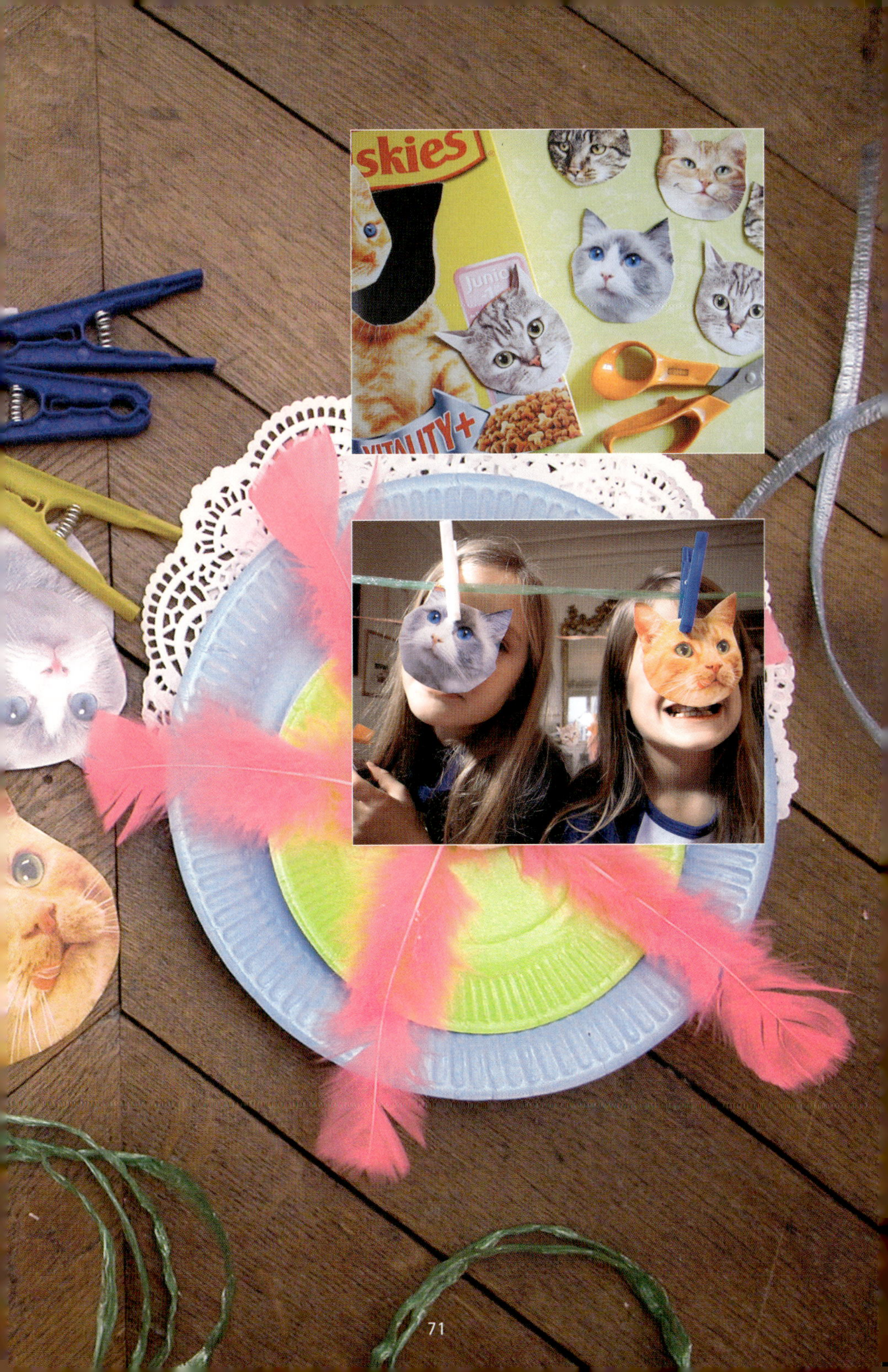
skies
VITALITY+

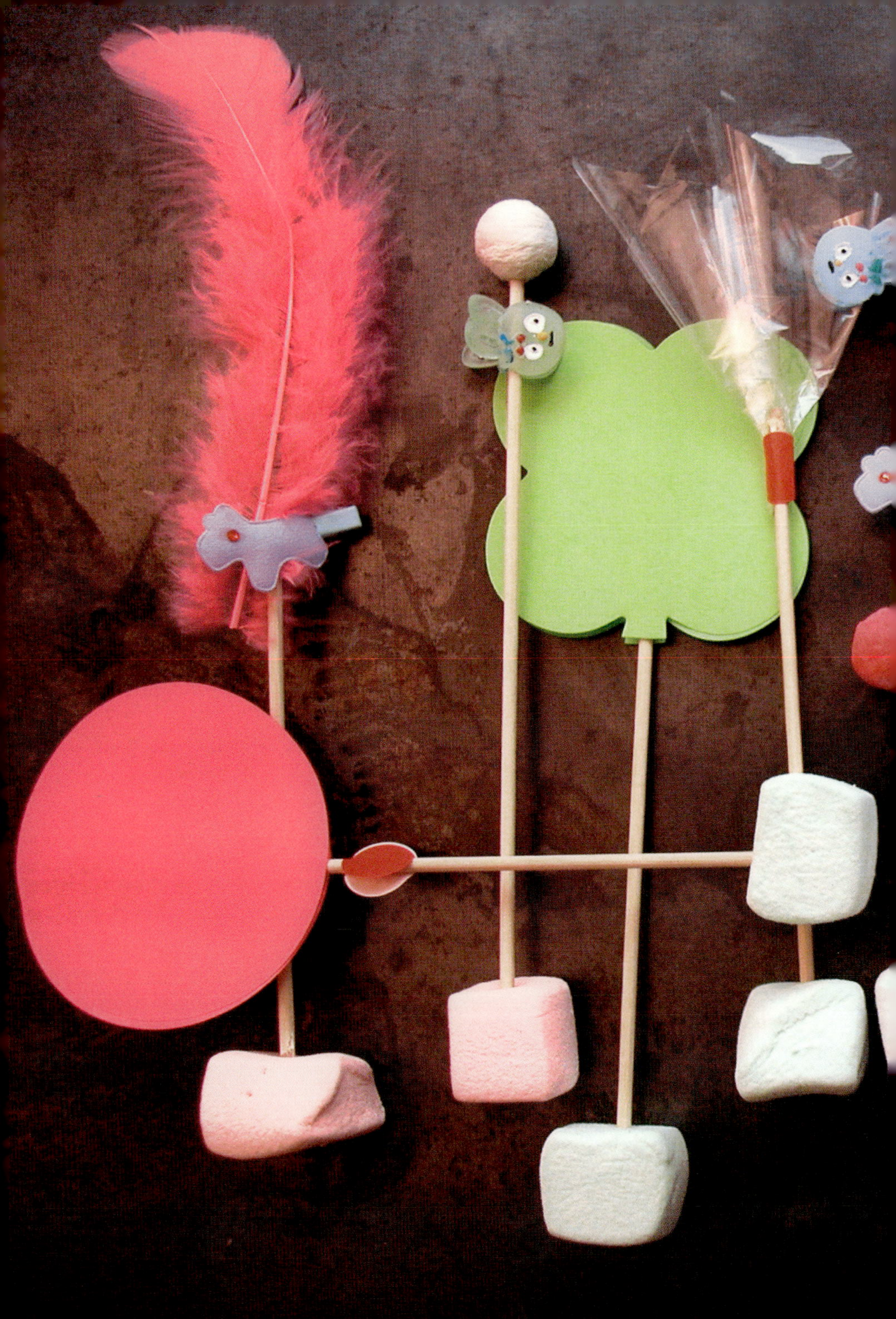

甘いお菓子の竹串 BROCHETTES À BONBONS

色とりどりの小さなシール、パーティー用の紙製飾り玉、色リボン、はたきの羽根、ジャム瓶を包んであったセロファン、ポストイットなどなど、いろんなガラクタオブジェを、竹の小串の上部に固定します。マシュマロなど、やわらかな甘いお菓子を、これで刺していただきます。

ちびっ子の４人テーブル　LA TABLE DE QUATRE

フリーマーケットなどで売っているタータンチェックの大型ビニールバッグに、居間のクッションやカーペットをつめて、即席のテーブルを作ります。子供が大勢いる場合は、同じようなテーブルをいくつか作って、小さなレストランを開店しましょう。

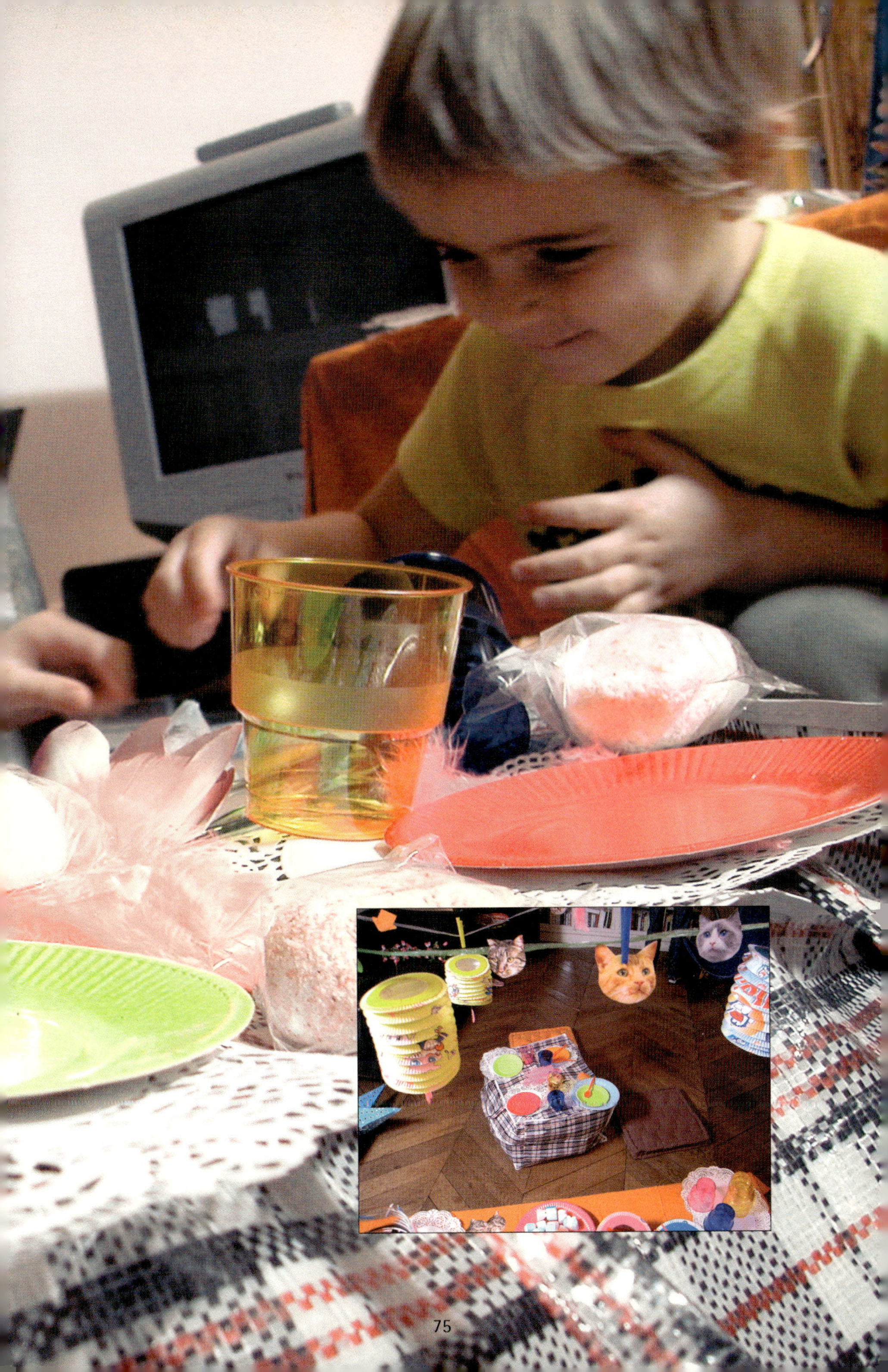

マジカル・アイス GLAÇONS MAGIQUES

製氷器におまけのおもちゃを入れて凍らせます。子供たちはびっくりすると同時に、早くそのおもちゃで遊びたいと、待ちきれない感じになるはず。ただし、この氷は飲み物には入れないようにしましょう。飲みこんでしまっては大変！

77

ろうそくを吹き消す SOUFFLER SES BOUGIES

バースディケーキ代わりのチョコレートムース（写真では板チョコ）にろうそくを立てるには、サラダボウルの周りに大きな輪ゴムで固定すれば簡単です。火をつける際は、必ずそばについていてあげて。3つか4つカウントしたら、歓声をあげて拍手喝采。

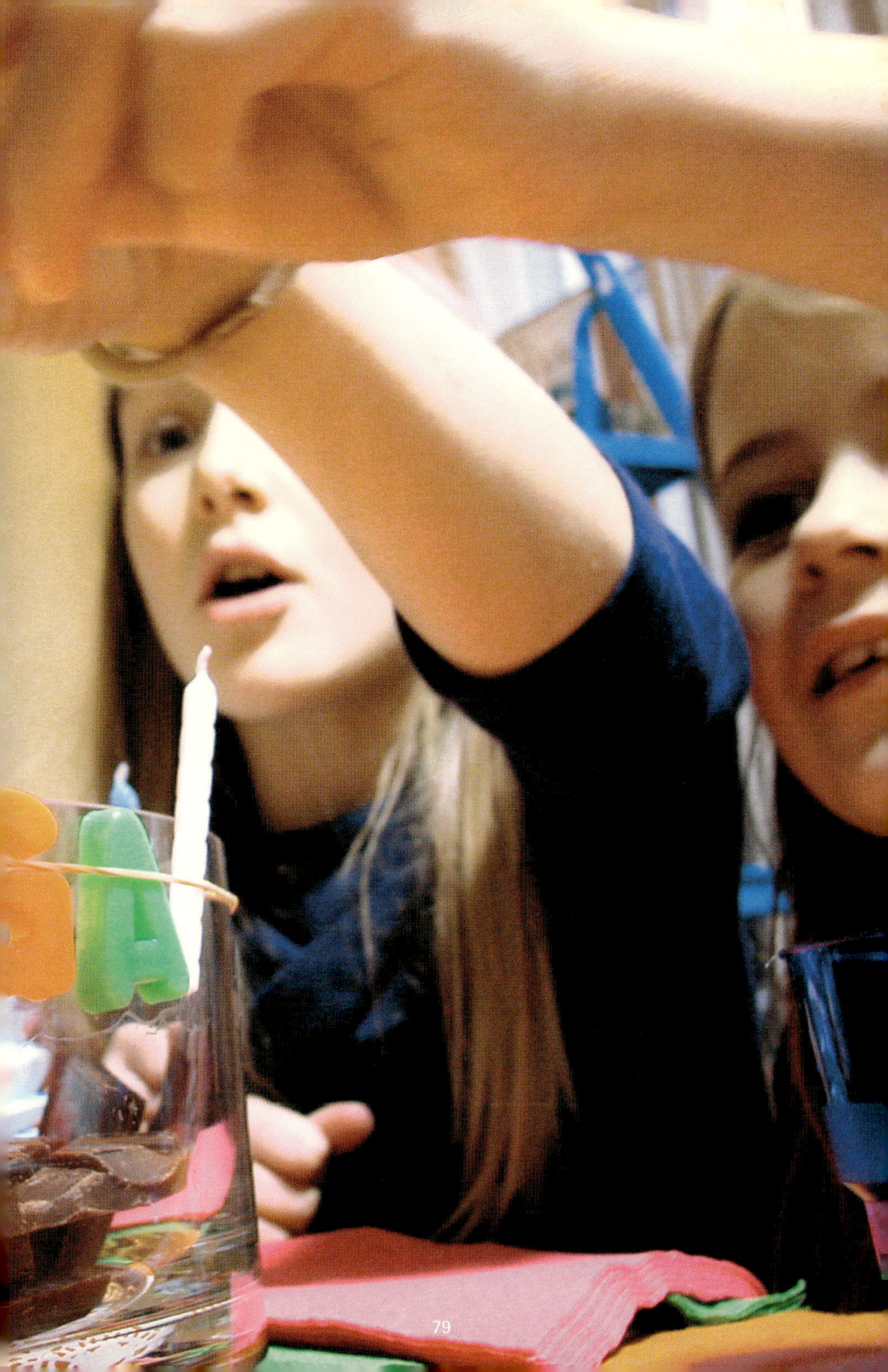

80

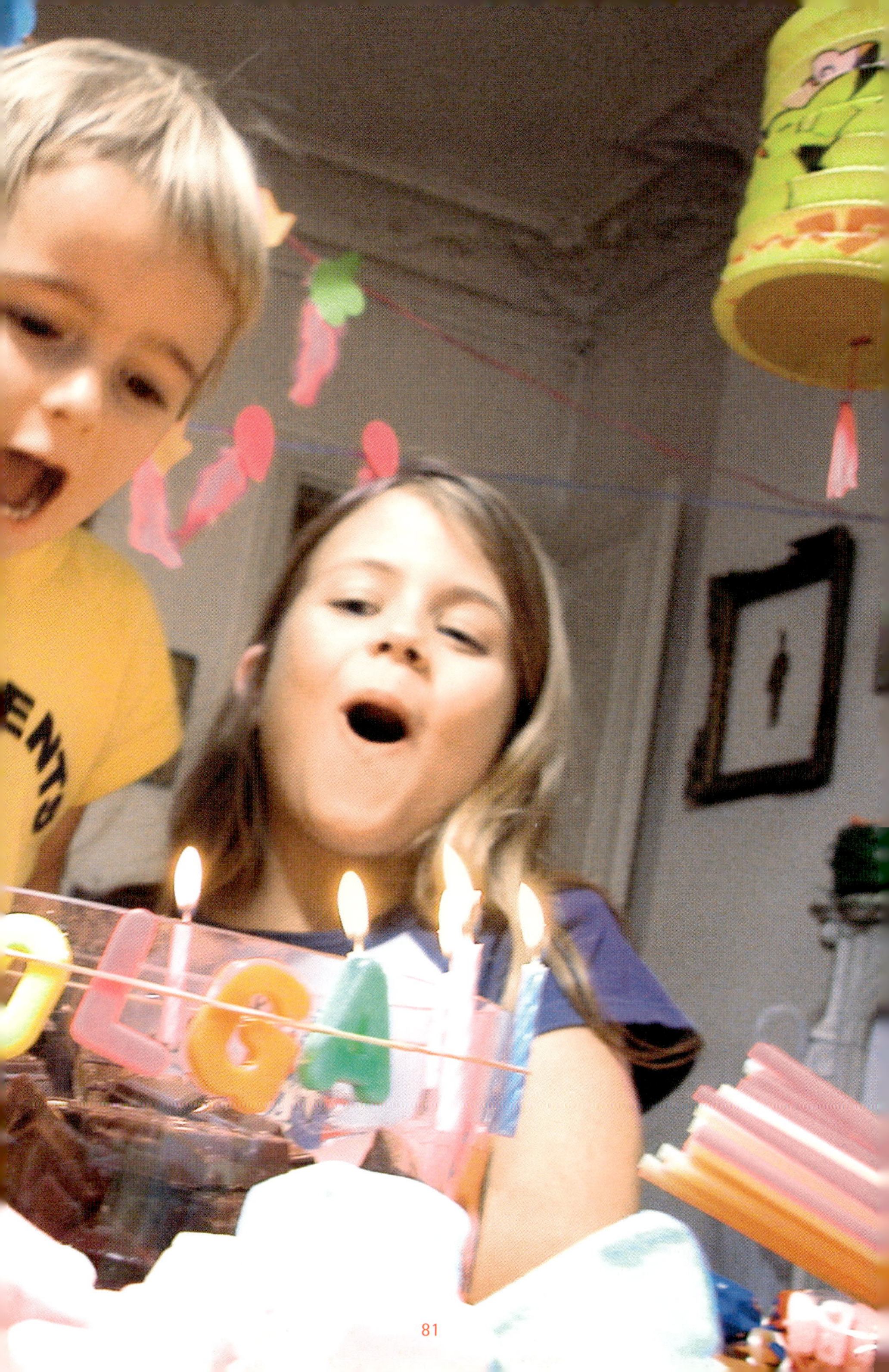

82

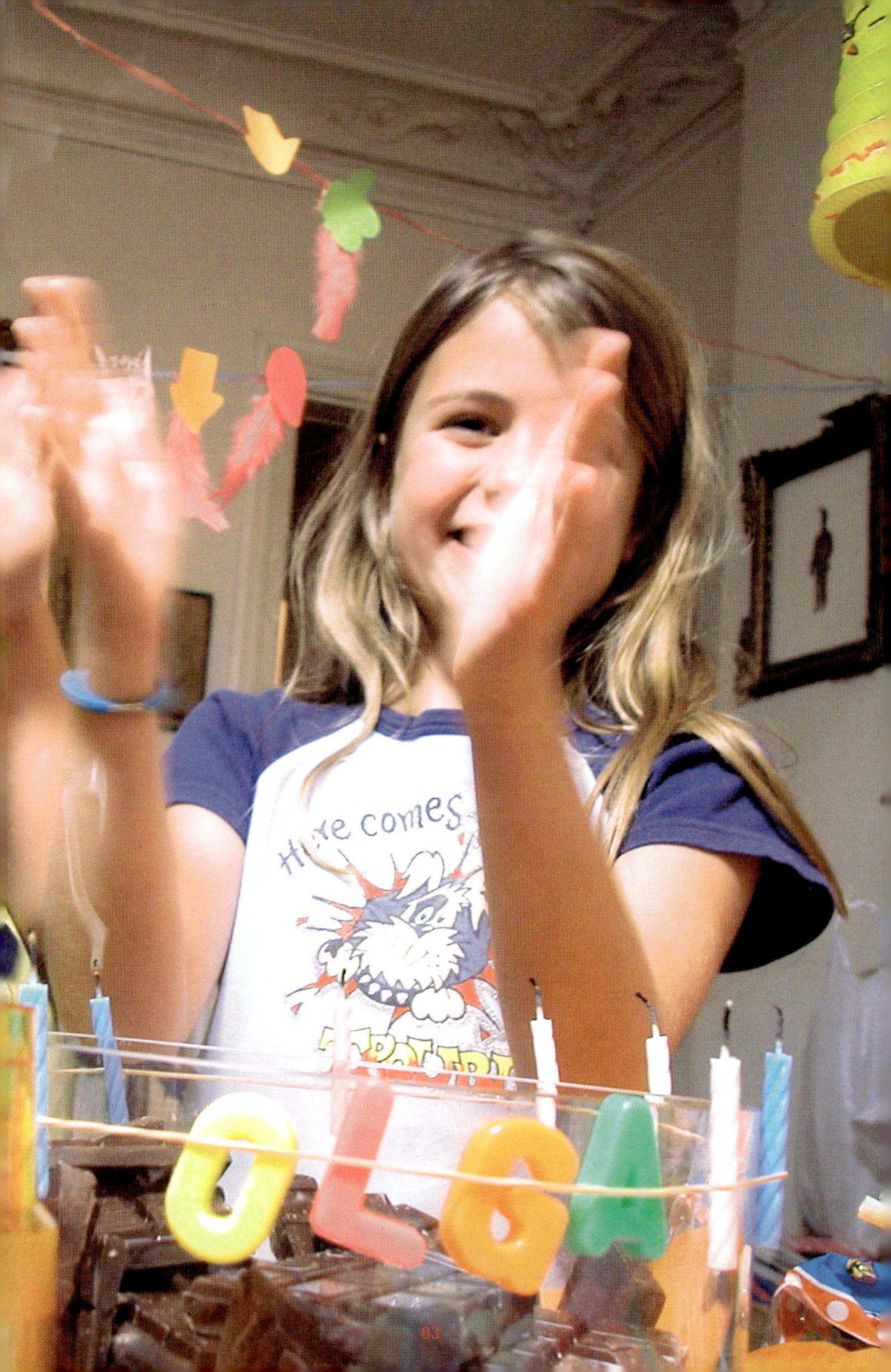
OLGA

ISBN 3 8228 6048 8

LES PORTABLES AU VESTIAIRE

携帯電話用クローク

シルヴプレ S.V.P.

招待したお客さま全員に、携帯電話の電源を切るようお願いし、サラダボウルを置いて、玄関口に即席の携帯電話専用クロークを設置します。受け皿にコインを貼りつけ、横に置いておくのを忘れずに。たっぷりチップが期待できるかもしれません。

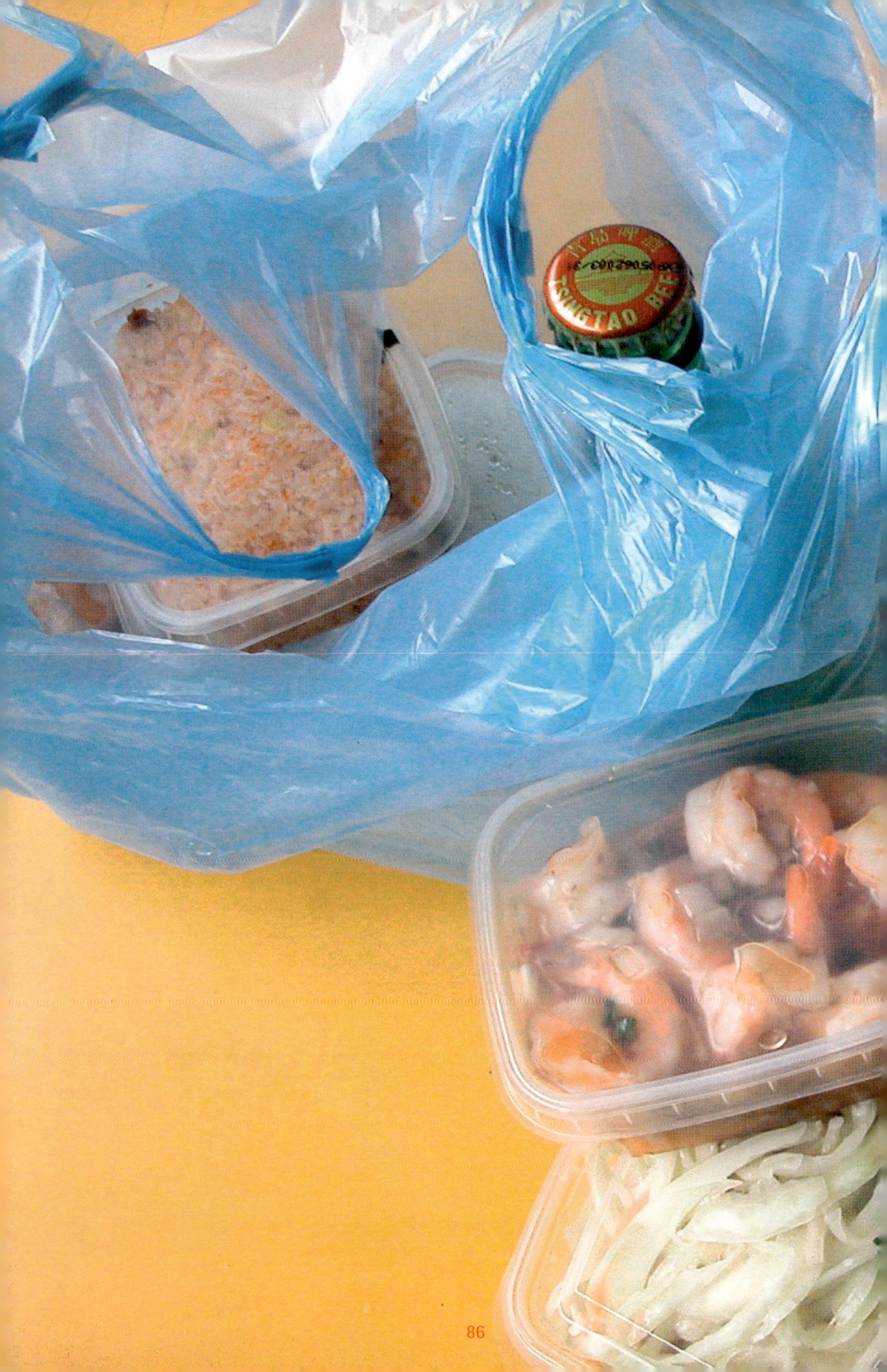
TSINGTAO

LE FAST-CHINOISE-FOOD
中華のファストフード

バナナの葉っぱのランチョンマット SET BANANIER

近所の中華レストランから出前が届いたら、支度開始。輸入食料品店で買い求めたバナナの葉をランチョンマットの形に切って、それぞれのマットの上に素朴な白い茶碗とはし一膳、唐辛子を数個（食べるためではありません、念のため……）を配します。中国語の新聞をガラスコップに巻いて、上にろうそくを置き、上海風ランプに見立てましょう。

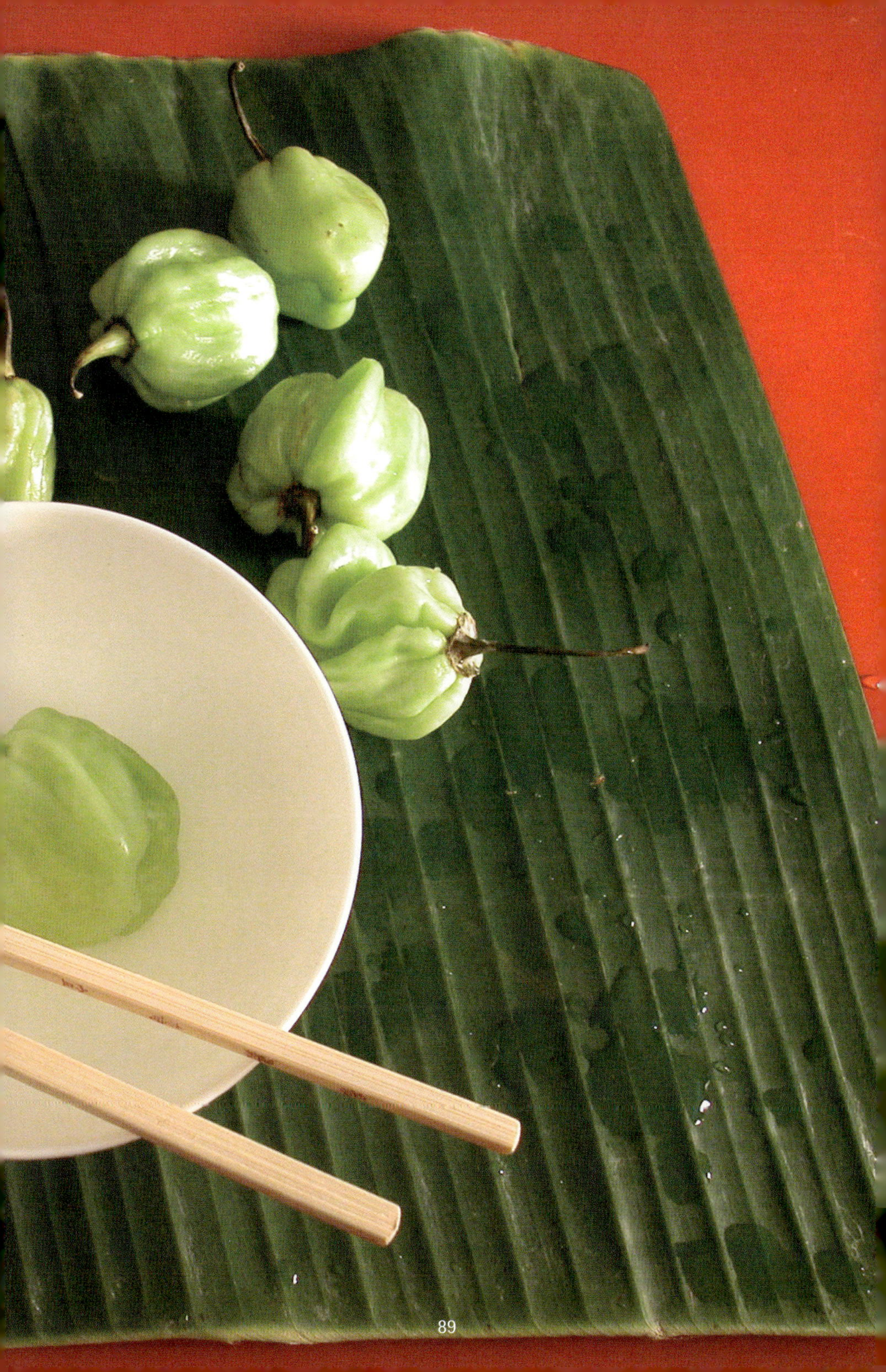

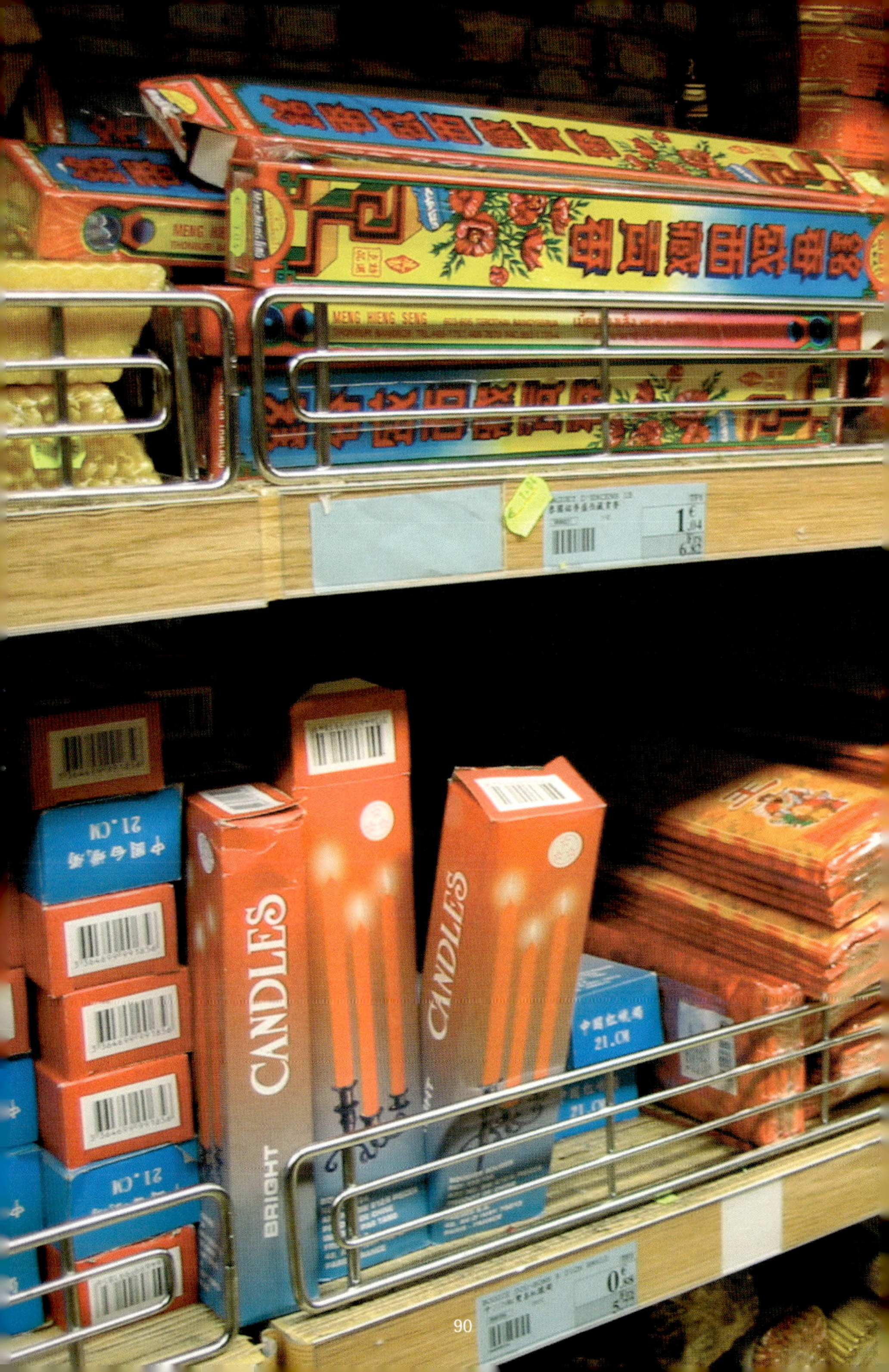
MENG HIENG SENG
CANDLES
BRIGHT
CANDLES

7つの幸福セット SET DES SEPT BONHEURS

アジアの雑貨店のお香コーナーで、奉納用の紙を一束買い求めます。透明のお皿1枚ごとに違った用紙を敷きます。赤いプラスチック製のフォークやナイフ、スプーンを配します。

グラフィックなおもてなし　SET GRAPHIQUE

モノクロの新聞紙を敷いて、白い茶碗、ガラスの小鉢に入れた黒いしょうゆ、白いはし、黒いはし置き……。料理も当然ながら同じ色調に統一されるよう、白いご飯と黒いきくらげをベースとした料理を並べて。

歐洲日報

兩岸新聞

港今年開工建設第四期國際集裝箱碼頭 香港中資招商局國

資港口開發業 全

禅セット SET ZEN

ライスペーパーを1袋買い求めます。ここで、ベトナム風春巻きを作り出してはいけません。禅の心を保って、ライスペーパー1枚1枚をランチョンマットに見立てるのです。

de Riz
PRODUIT DU VIETNAM
PRODUCT OF VIETNAM
POIDS NET : 1KG
NET WEIGHT
RERES S.A.
RIS -FRANCE
AVANT : 30 / 06 / 2003

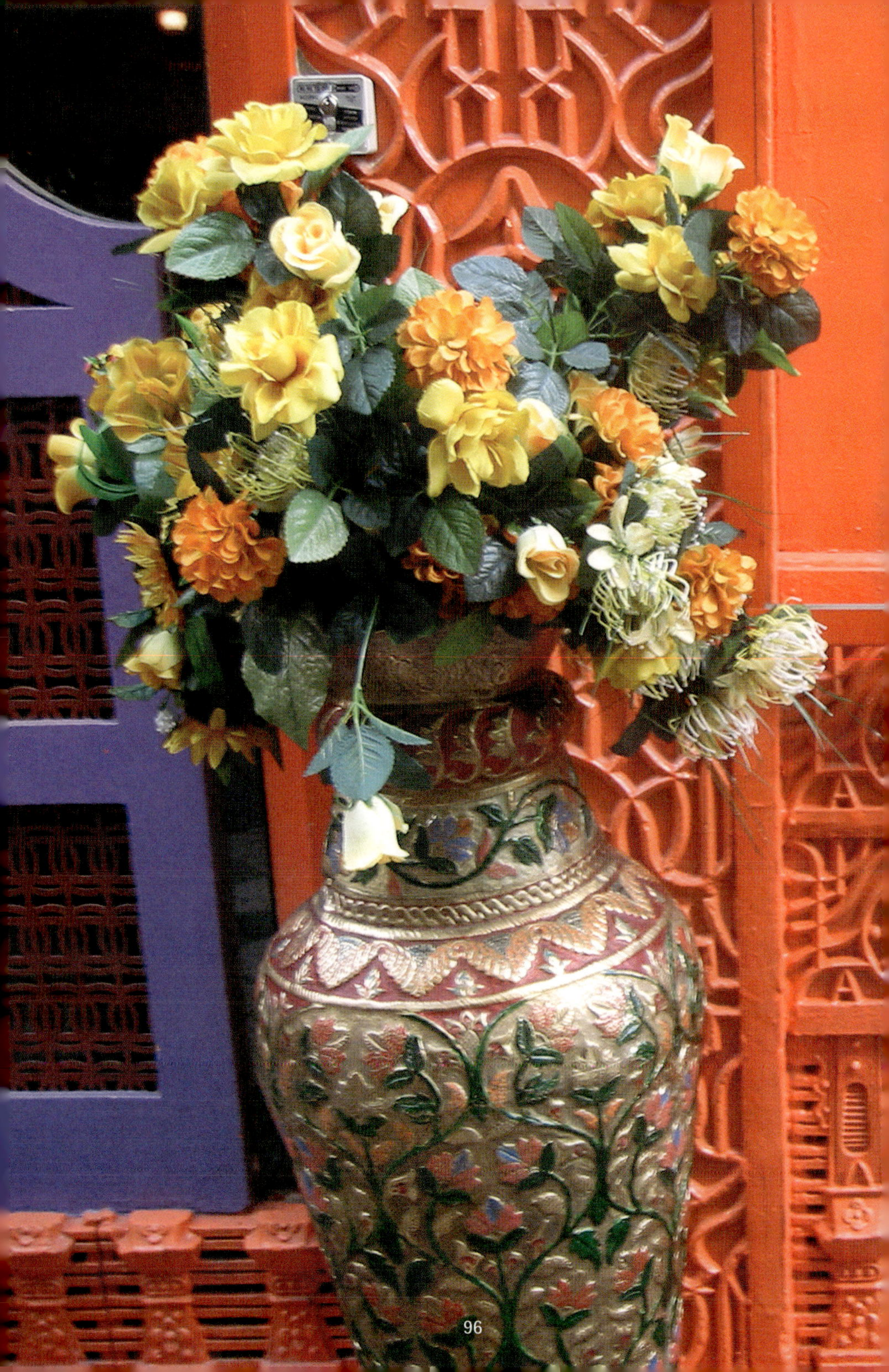

LE BOMBAY-RICE-EXPRESS
ボンベイ・ライス・エクスプレス

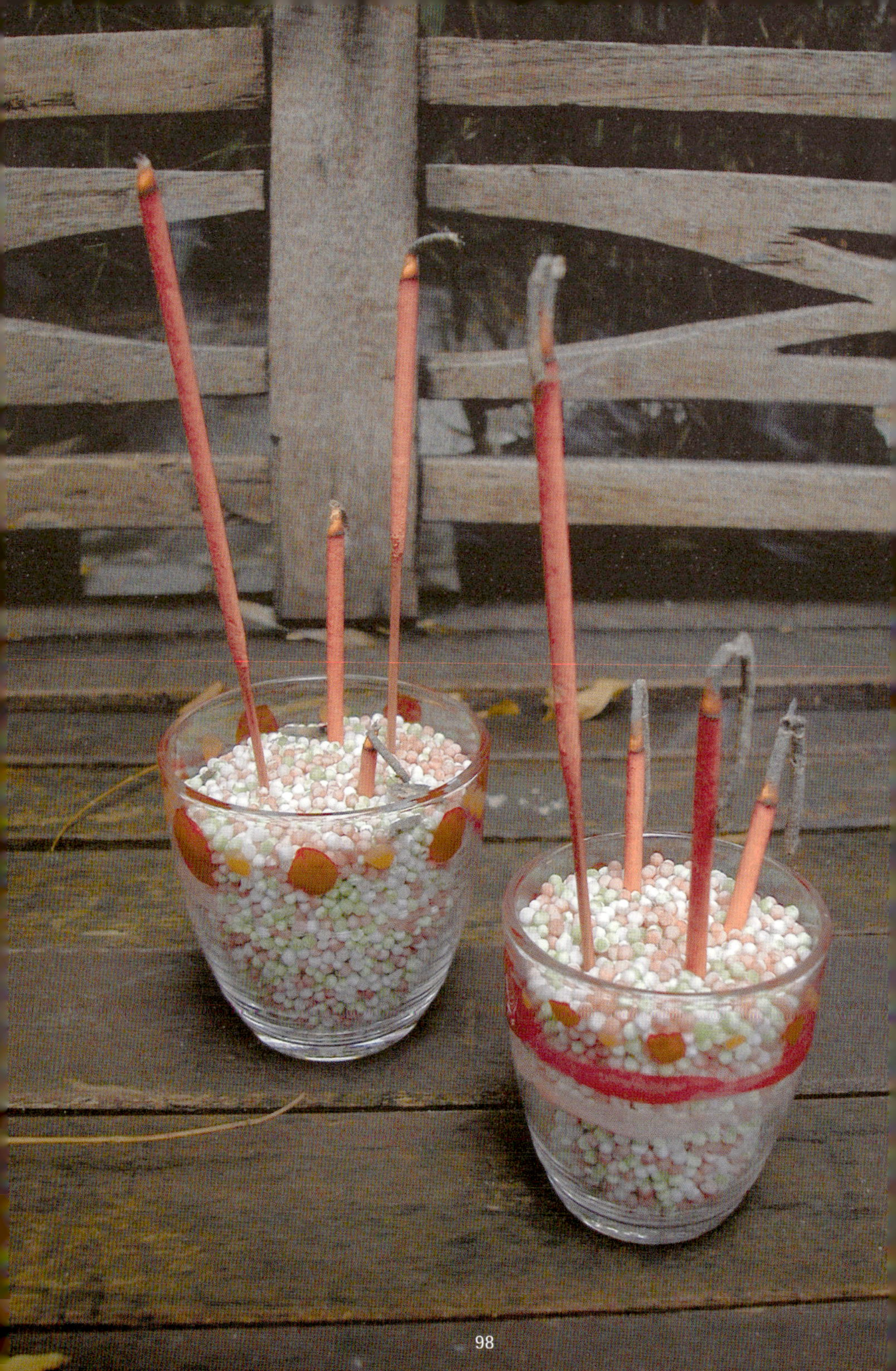

グッド・カルマ* GOOD-KARMA

よいカルマを授かるように、願いをこめてお供えします。ガラスコップにマニュキアで絵つけをし、色とりどりのタピオカで満たして、お線香を何本か挿します。お供え用のいかにもインド風のキッチュな、小さな花束も忘れずに作りましょう。色とりどりのビニールのひもをガラスのボトルに巻きつけ、見るからに造花っぽい真っ赤なバラの花束を飾ります。

*カルマ：サンスクリット語で、業や因縁、運命をさします。

グッド・ライス（次のページ）GOOD-RICE

インド料理の支度は、お米を炊くことから始まります。チャツネ*を忘れないように。おのおのがカラフルな製氷器を用意し、ブロックごとにいろんな種類のチャツネや専門店で買い求めた各種スパイスを盛りつけます。八角で香りをつけたライスに、チャパティ**、ラッシー（チャツネとともに買っておいたもの）を添えて食卓に出しましょう。

*チャツネ　：インド料理で用いる調味料。フルーツや野菜に砂糖、酢、香辛料などを加えてジャム状に煮こんだもの。
**チャパティ：インドの薄焼きパン。

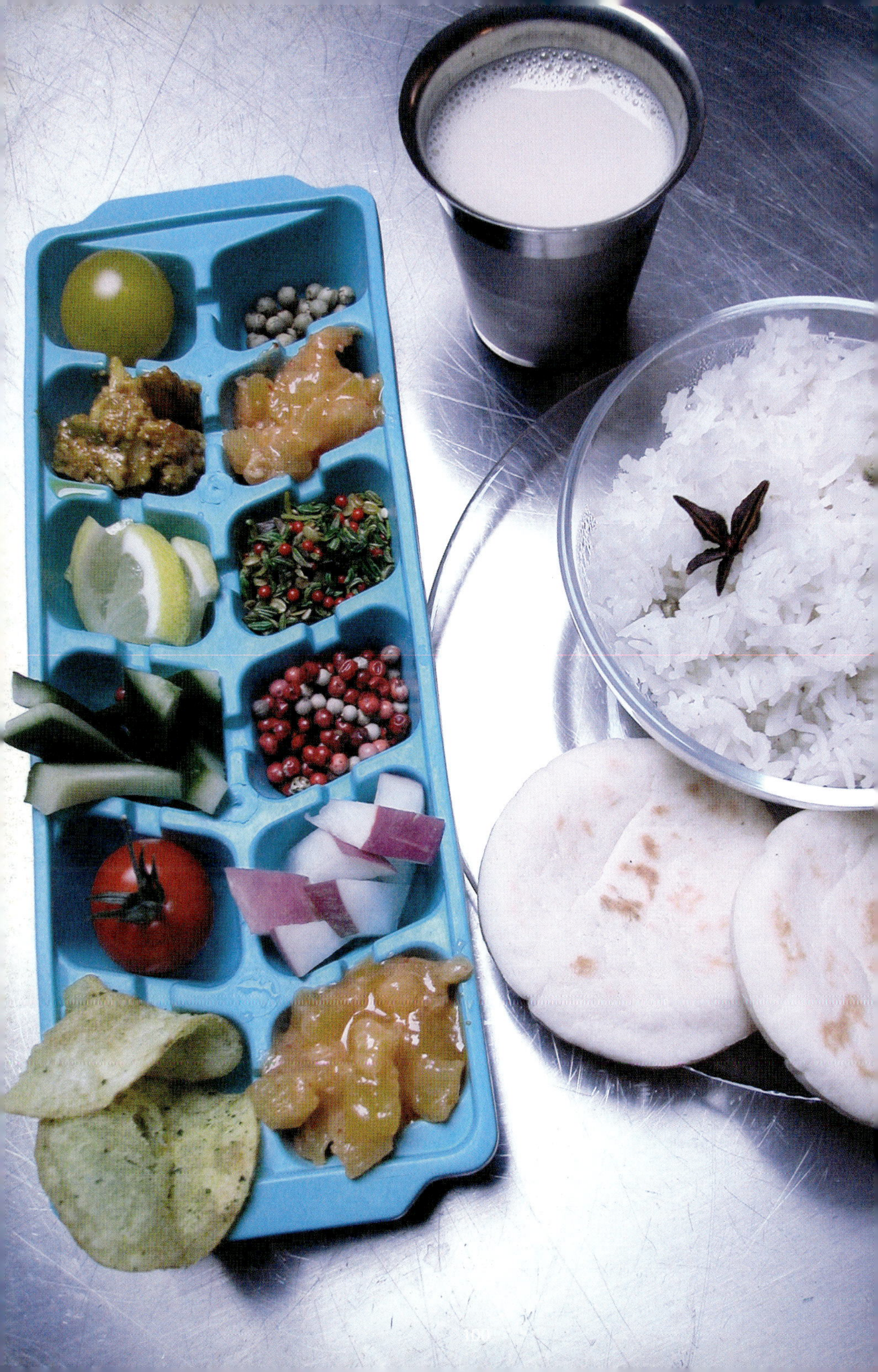

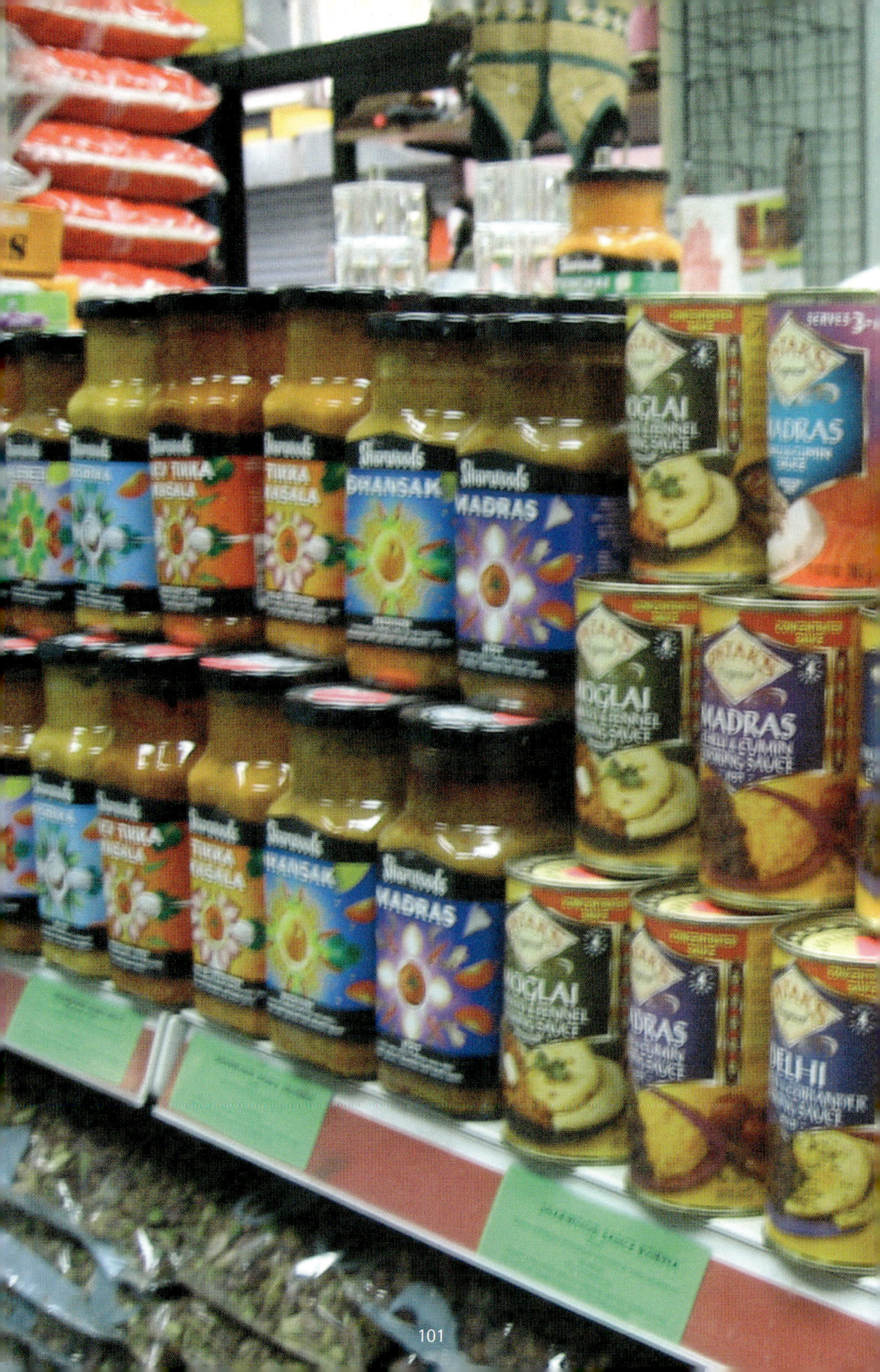
Sharwoods
DHANSAK
MADRAS

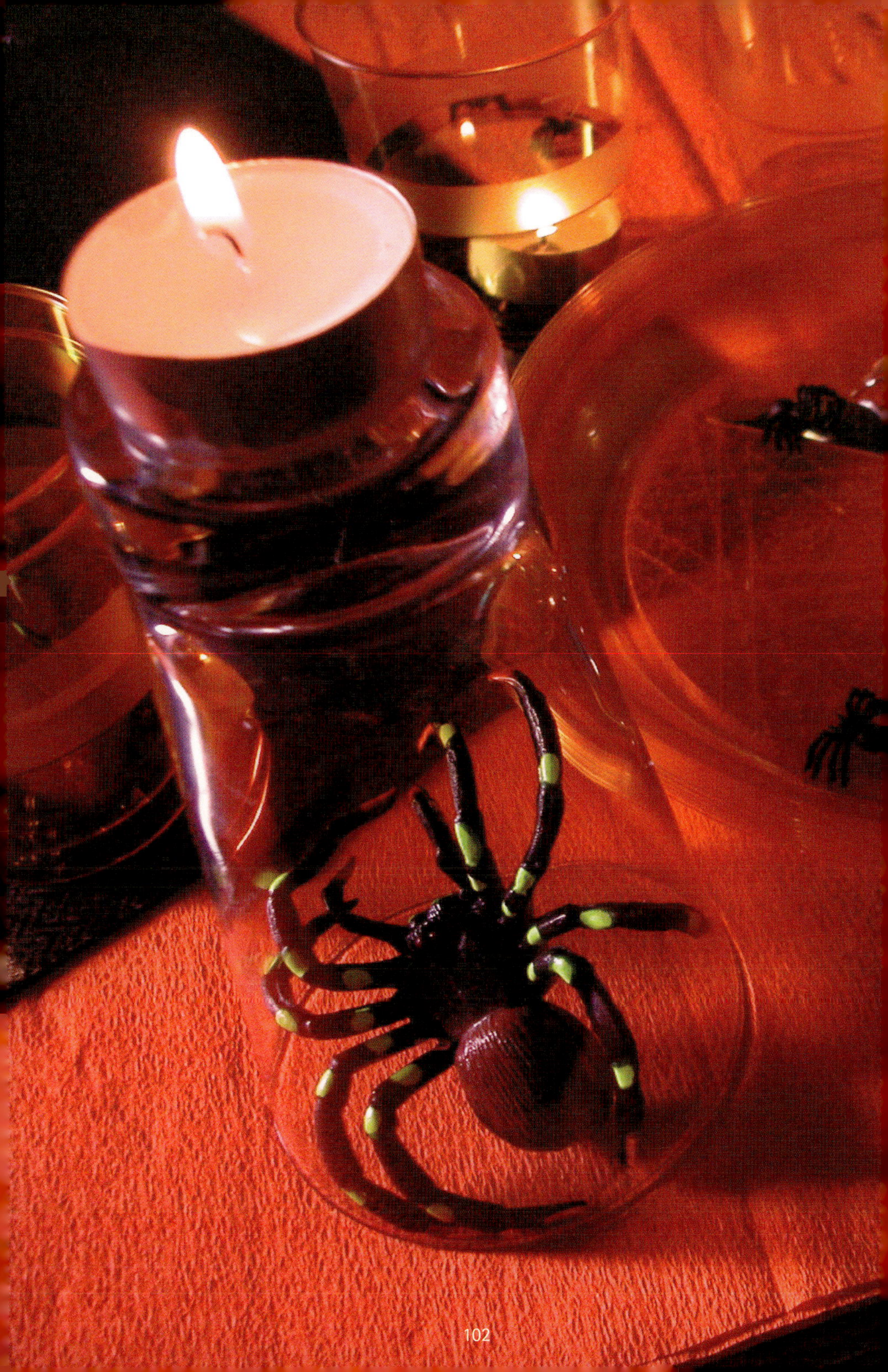

THE HALLOWEEN-PARTY
ハロウィーン・パーティー

ゲロゲロゲロ BEURK-BEURK-BEURK

オレンジ色の布（もしくはクレポン*）を敷いて、その上に食器とフォーク、ナイフ、スプーンを並べます。フォーク、ナイフ、スプーンの柄には魔法使いの指キャップをはめましょう。コップを逆さに置いてグロテスクなゴムのクモを閉じこめ、その上にろうそくを置きます。死んだハエ（ただしプラスチック製）を散らします。その日の料理には、それぞれ胸の悪くなるような名前をつけましょう。ただしお味のほうはしっかり保証するように……。

*クレポン：綿などのクレープに似た厚手の縮み生地。

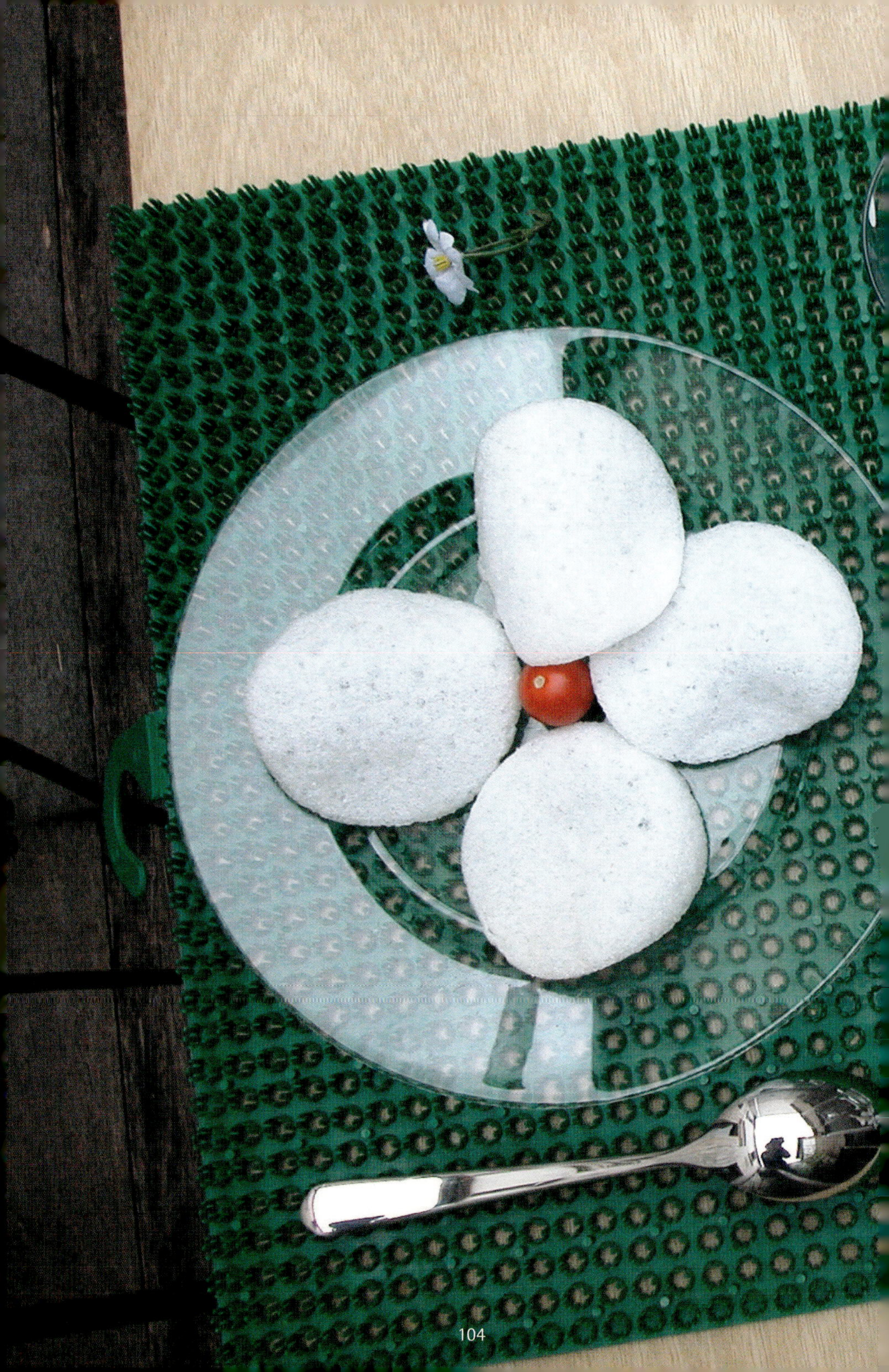

LE PIQUE-NIQUE ARTY
ピクニック・パーティー

ピクニックの準備 INSTALLATION

芝マット（新品）を敷いて、お皿1枚1枚に、プチトマトとエビのおせんべいで、ネオポップ調のお花を作ります。お寿司やピザの出前が到着するまでの、目の保養になります。

私だけのすてきなクリスマスツリー MON BEAU SAPIN

アルプスの杉を乱伐することなしに、家じゅうの窓すべてにクリスマスツリーを飾りましょう。杉の枝を緑色のスコッチテープで窓ガラスに貼りつけて、もみの木をかたどります。中ぶりの枝で、この「エコロジックツリー」が10個は作れるはず。

AVANT NOËL
クリスマス前

待降節*のカレンダー CALENDRIER DE L'AVENT

洗濯乾燥用クリップハンガーをプレゼントのサーバーに。クリスマスの飾りを吊り下げ、番号をふった封筒に小さなプレゼントを入れて吊るします（バランスに注意。日がたつにつれ、残りがだんだん一方にかたよらないように、日付の番号をふり分けましょう）。12月、イブが来るまでの24日間、子供たちのお行儀がよくなること間違いなし。

*待降節：12月、クリスマス前の4週間。

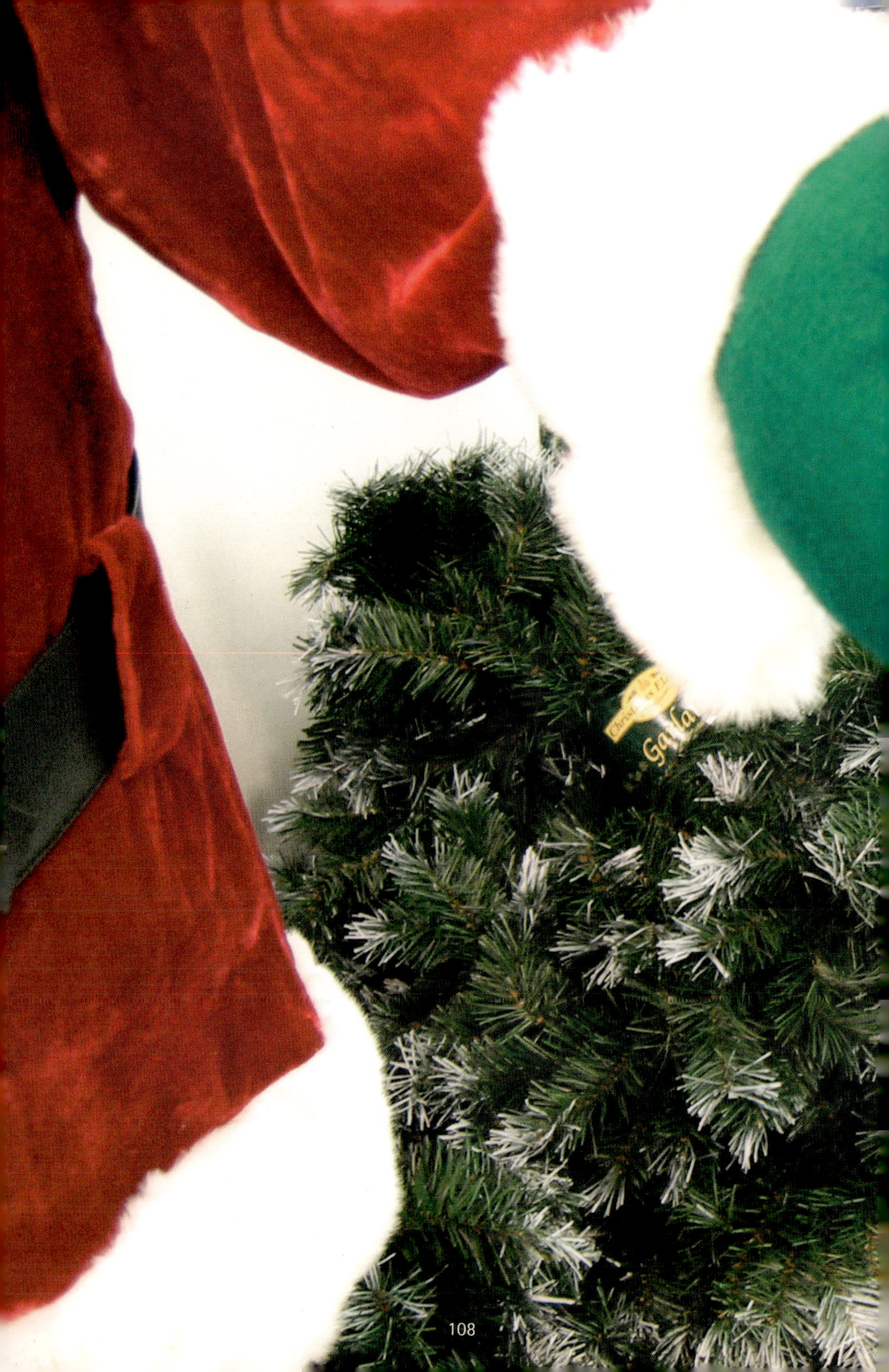

LE JOUR DE NOËL
クリスマスの日

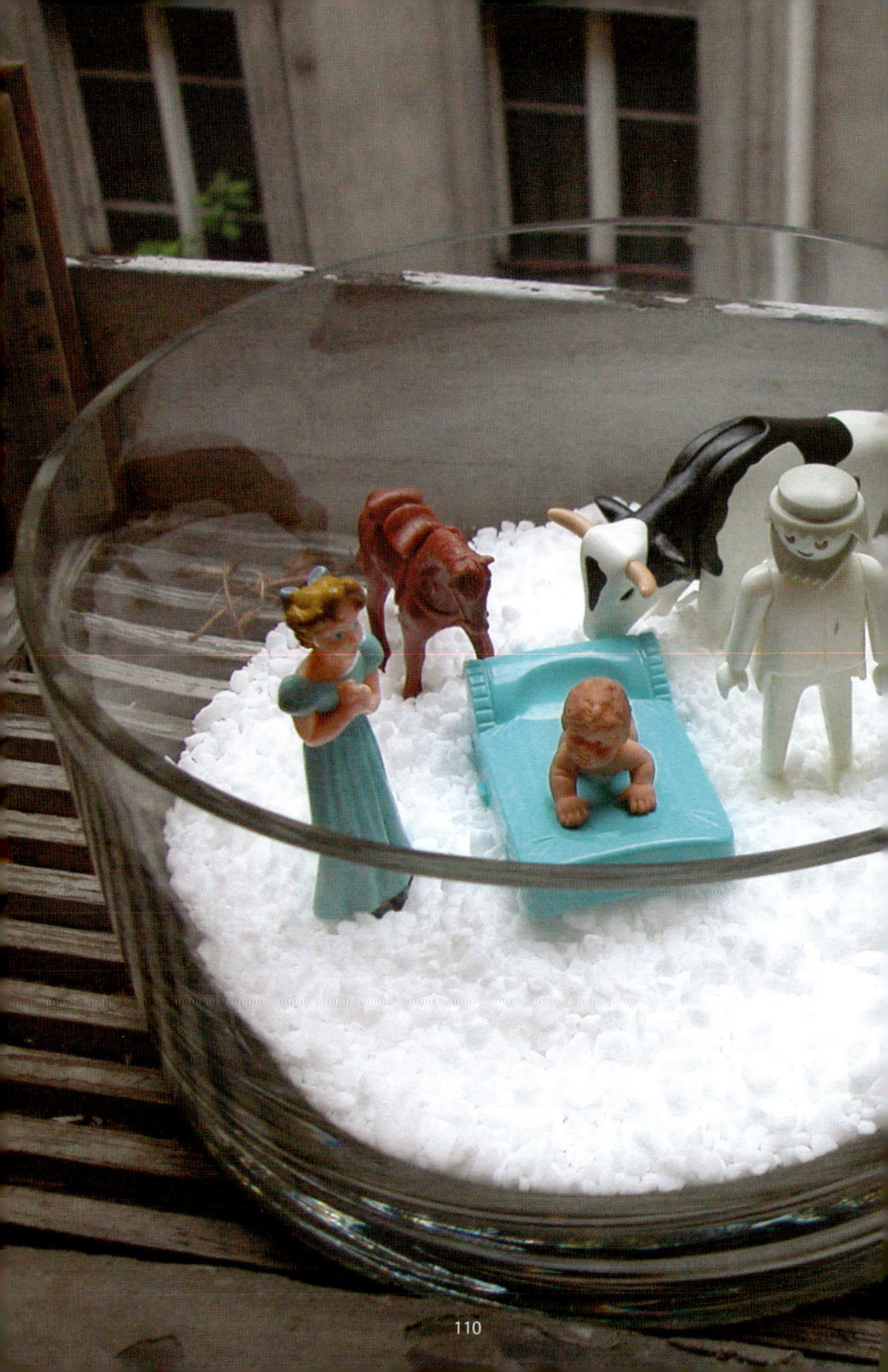

モダンなクレーシュ* CRÈCHE MODERNE

即席のクレーシュを雪のなかに作ります（雪はあら塩か食器洗い用の塩を代用）。今風のミニチュア人形に、それぞれキリスト生誕の際の役を与えて配置します（オブジェはふぞろいでもOK）。東方の三博士の歩みを、1月6日まで毎日少しずつ進めることを忘れずに。小さなキリストさまには、おとなしくしていただくようお願いしましょう。

*クレーシュ：キリスト生誕群像。

パーティーの明かり ÉCLAIRAGE DE FÊTE

クラッシュアイスを敷きつめたサラダボウルいっぱいに、小さなキャンドルを置きます。夕食が終わる頃には、キャンドルたちが溶けた氷に浮かんで、まるでダンスしているみたいに、キラキラと明かりを放つはず。まるであなたみたいに……。

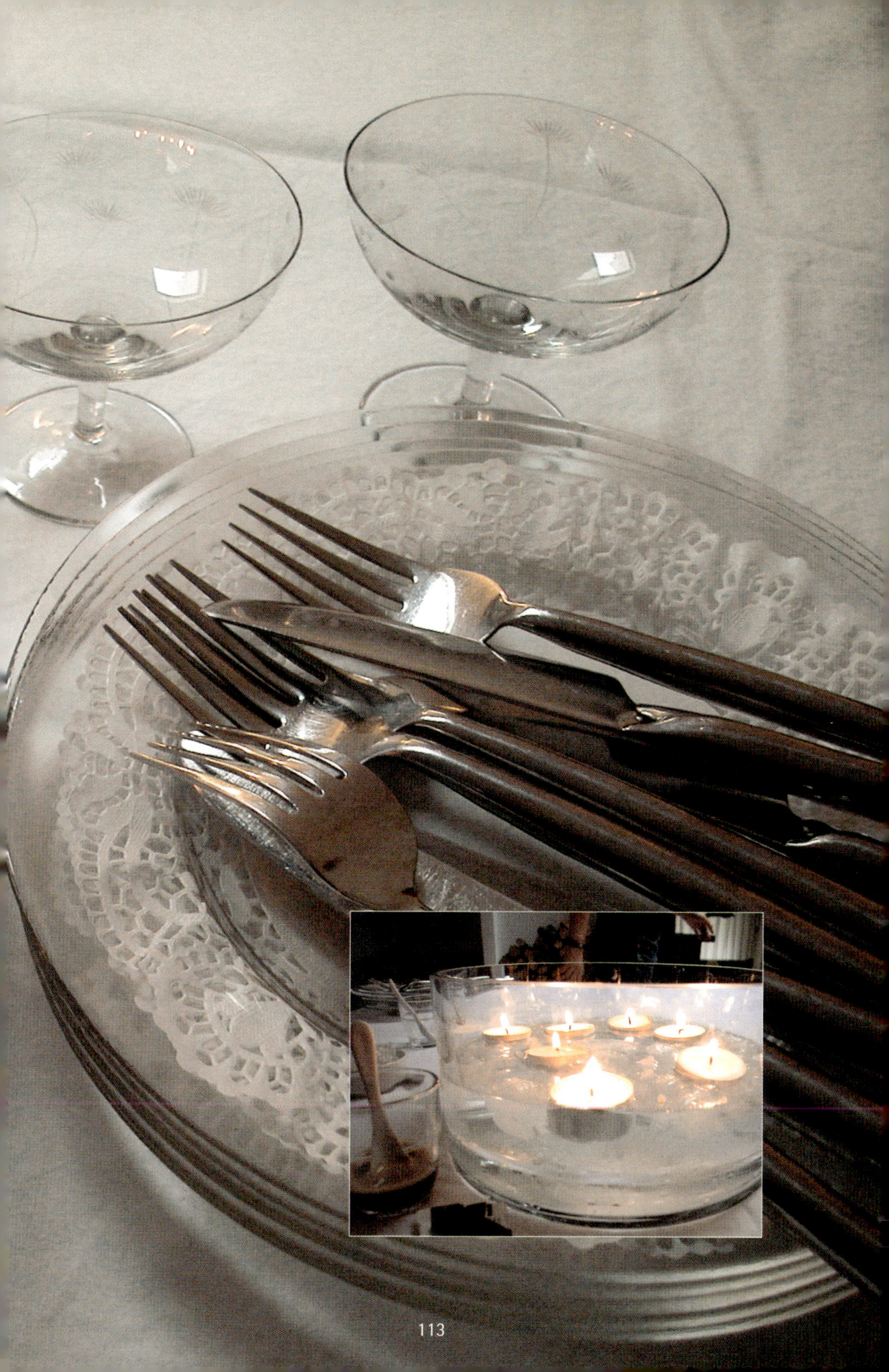

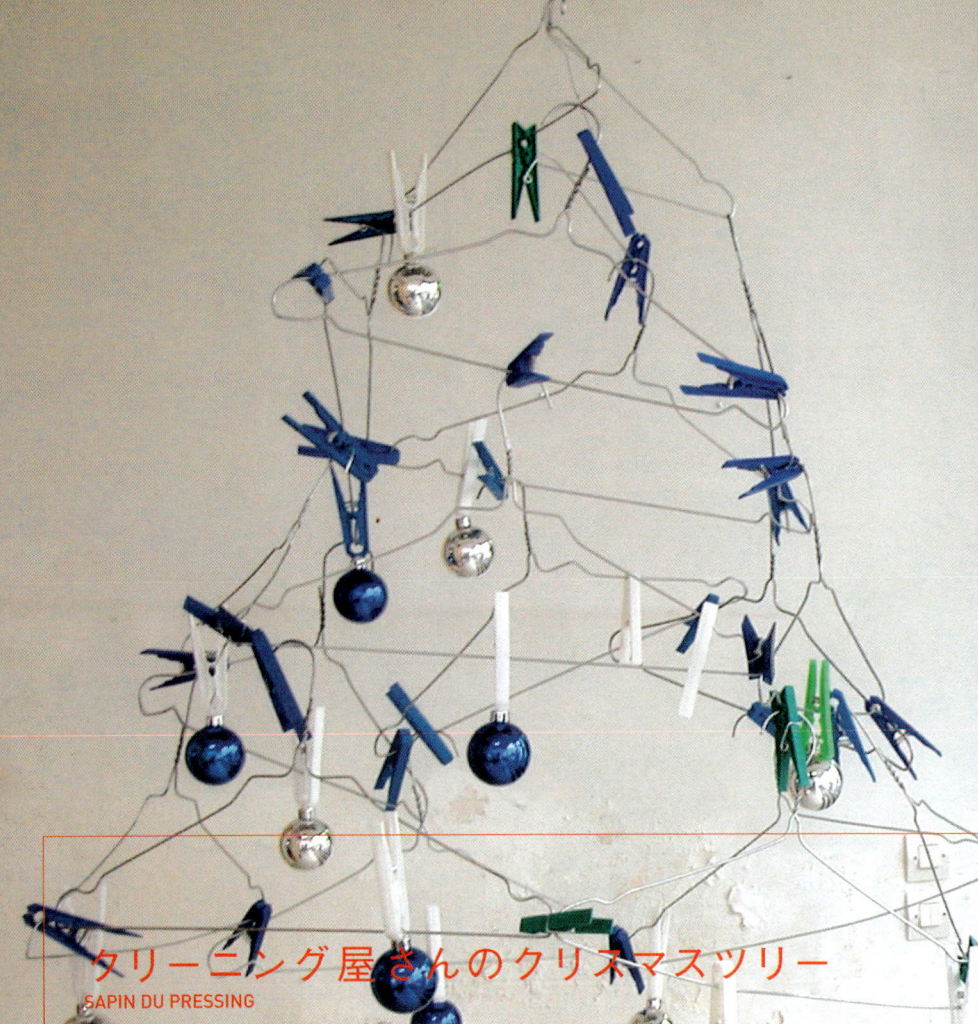

クリーニング屋さんのクリスマスツリー
SAPIN DU PRESSING

クリーニング屋さんの針金ハンガーを2つ用意します。ピラミッド型になるように曲げて絡ませ(中央の頂上部分にセロハンテープを巻いて固定)、天井に吊るします。できあがった三方の端に、さらにハンガーを3つ掛けて吊るします。洗濯ばさみを使って、それらを固定します。同様にハンガー4つ、6つ、さらに9つ、10個と掛けていって、徐々に裾を広げ、クリスマスツリーを型どっていきます……。ちょっとややこしいけれど、要するに、ハンガーが、2＋3＋4＋6＋9＋1＝25個必要なわけで、今年はクリーニング屋さんに、最低この数ぶんはお願いしなくてはなりませんね。

食いしん坊のランチョンマット SET GOURMAND

ランチョンマットのかわりに、その日のおうちのメニューを印刷して、透明なお皿の下に敷きます。白いテーブルクロスの上に、銀色の小さなシュガーボール(スーパーマーケットの製菓コーナーで購入)をふんだんに散りばめます。デザートの用意を忘れずに。

24 Décembre 2003

Foie gras frais mariné à la provençale sur poivrade d'artichauts,
Dinde sur son lit de fenouil accompagnée de châtaignes concassées,
Salade d'herbes fraîches et petits brebis du Cantal,
Charlotte en guise de bûche pour Charlotte qui adore la charlotte.

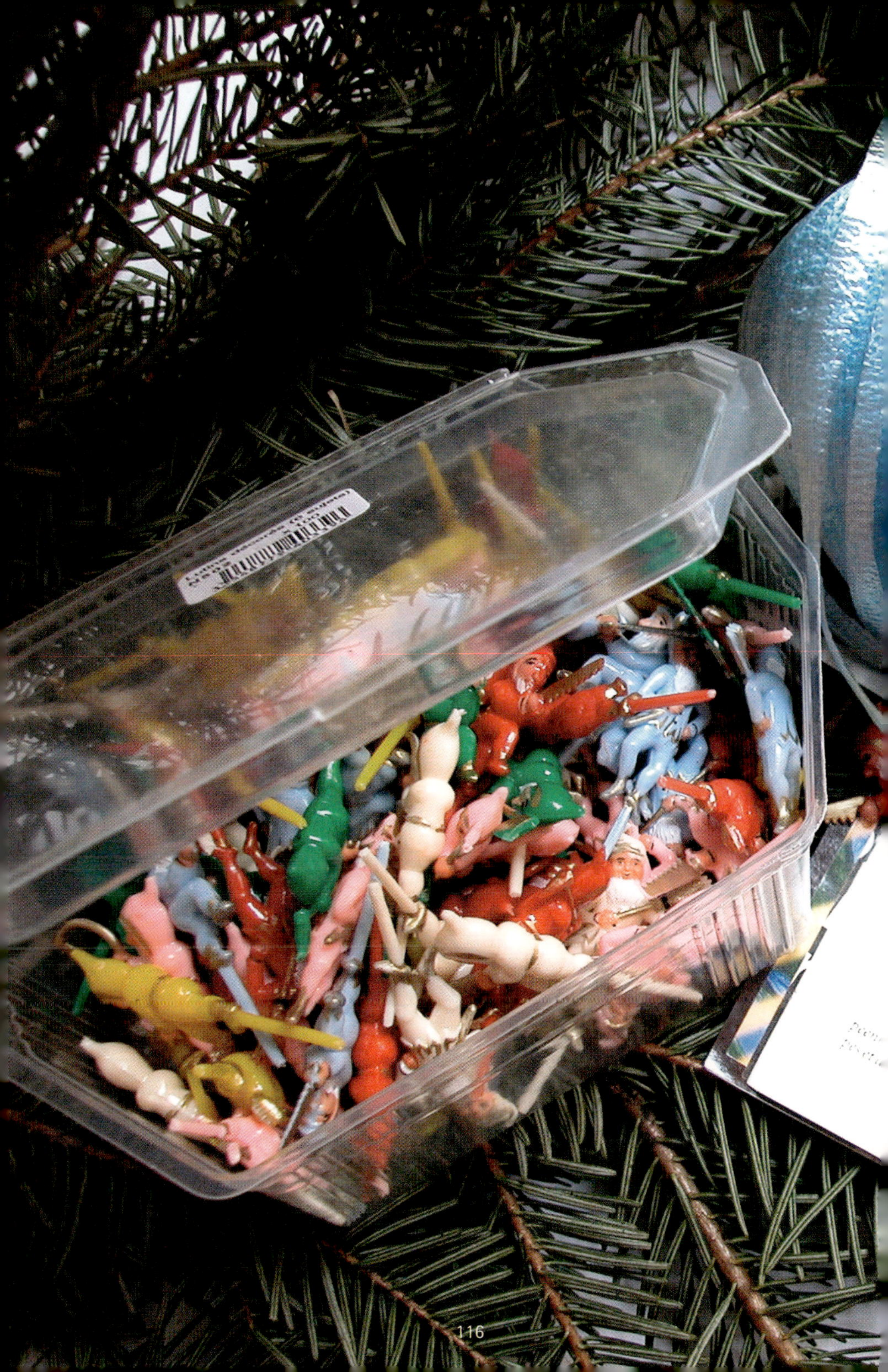

BRUCE
Bruce: «La mo
n'a pas de référence pr
re, tout est emprunt
ette construite et sophistiquée, mais que nous voulons malgr
out simple, subt
sans doute cette décontraction, pragmatique, qui est typiqu
nent améri

氷のクリスマスツリー　SAPIN GLACÉ

ごく小さなもみの木の枝を製氷機に入れ、冷蔵庫に入れて凍らせます（水をいっぱいにはって）。製氷機から氷を取り出し、ピラミッド型に積み重ねたら、去年のブッシェ*からとっておいた（もしくはレストランの卸し専門店から買ってきた）オブジェを飾りつけます。次に、プティ・フール用の受け紙に飾り玉を入れます。この氷のクリスマスツリーの根元に、雑誌の写真ページを切りとってラッピングした贈り物を置きます。
*ブッシェ：薪型のクリスマスケーキ。

パイレックス*のクリスマスツリー／次のページ
SAPIN PYREX

サラダボウルを伏せて大きい順に重ね、もみの木の小枝や飾り玉を入れて、クリスマスツリーを作ります。頂上にろうそくを置いたら、怖がらずに火を灯しましょう。
*パイレックス：耐熱性のガラス器のブランド名のこと。

野菜のクリスマスツリー／121ページ
SAPIN DU POTAGER

ポワローねぎを3、4本用意して、根元の部分をゴムで束ねます。次にはさみを使って、緑の葉の部分を裾が広がるように切りそろえたら、本物のクリスマスツリーに見立てて飾りつけます。そうでないと、あとでクリスマスツリーに変身させられないから。どちらにしても、このツリーはあまり子供に人気がないことを覚悟しておいてください。

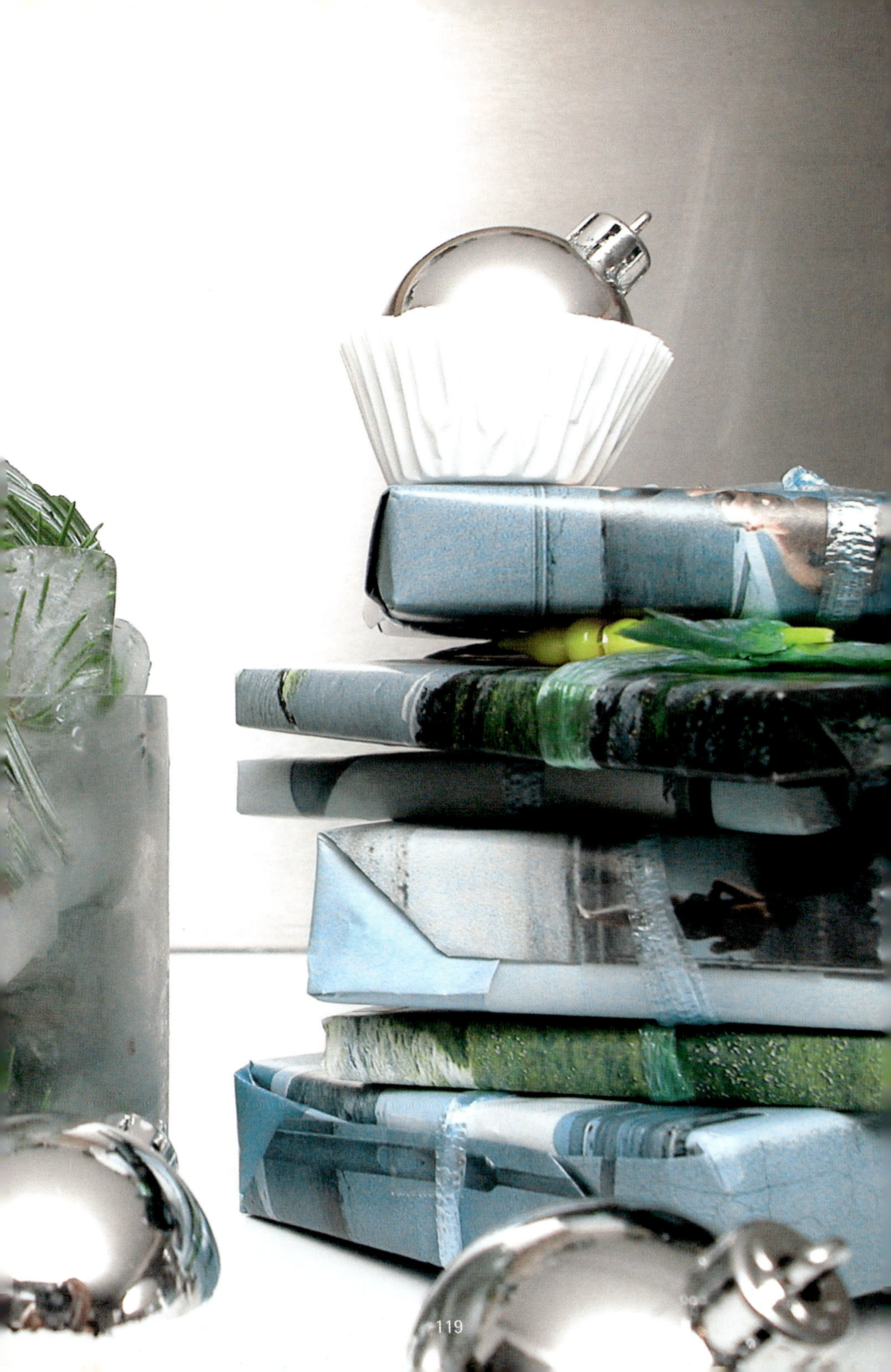

120

クリスマスツリーのスープ
SOUPE DE SAPIN

ポワローねぎの緑の葉の部分を同じ長さに切りそろえてサラダボウルの周りに並べ、1本の大きな輪ゴムを使って固定して、スープ鉢を作ります。そのほかの昨夜のパーティーのクリスマスツリーは、ブイヨンのなかで煮えて……。

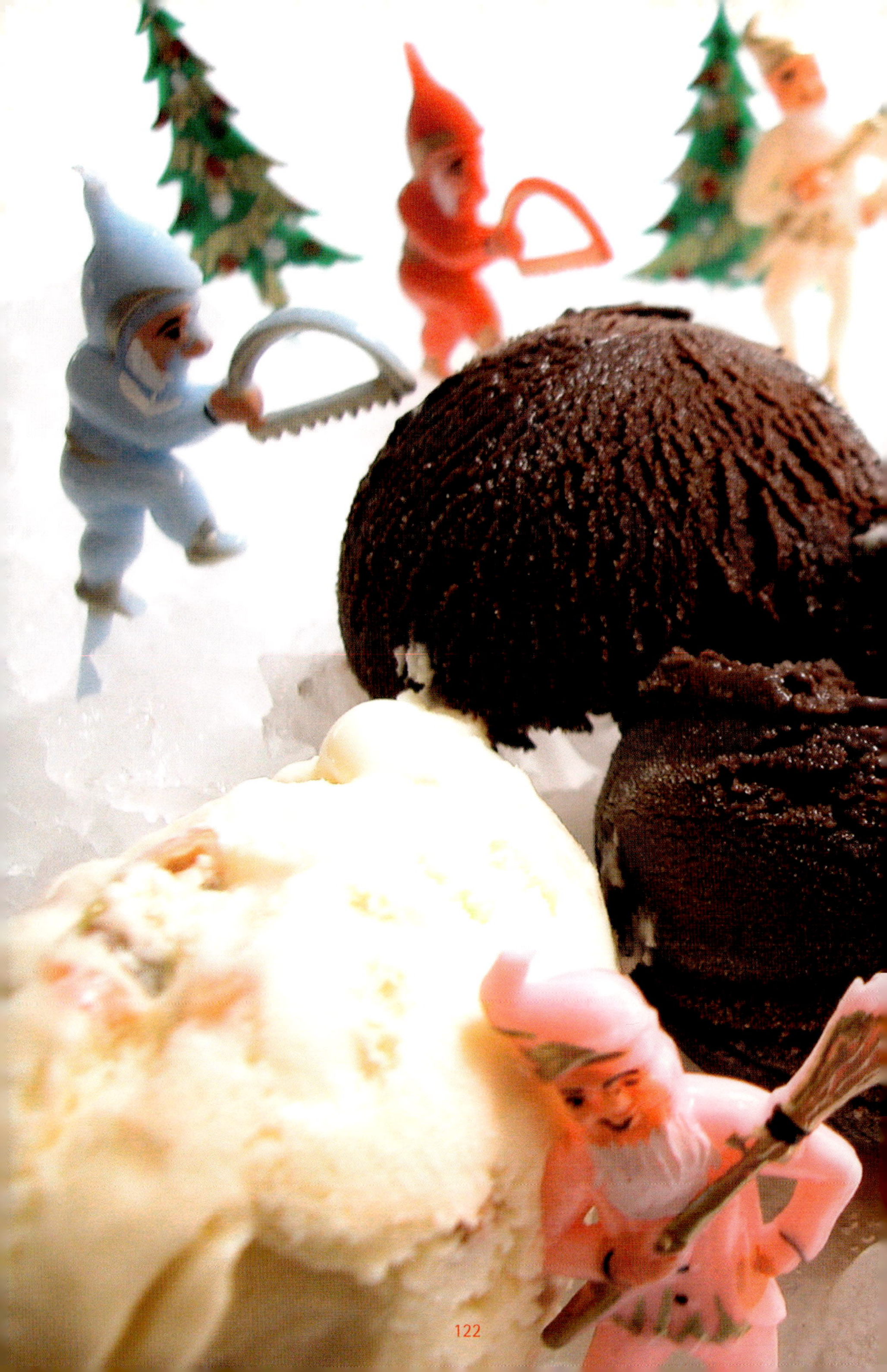

LES RECETTES DE NOËL
クリスマスのレシピ

アイスクリームのブッシェ BÛCHE GLACÉE

海の幸の盛り合わせは、アパルトマンの1階にあるレストランのエカイエ*に任せるほうが賢明。そうすれば、ブッシュを手作りする時間もできるというもの。とはいえブッシェの評価を決めるのは、なんといっても、愛らしい小人やサンタクロースのオブジェ。だから、オブジェを（レストランの卸し専門店から）箱ごと買うことに……。ここはシンプルに、クラッシュアイスを美しく敷きつめ、小さなカップ入りアイスクリームを並べて、かわいい人形たちが征服しているよう配すだけにしましょう。これでも、ほぼ満点の喝采を受けること間違いなしでしょう。

*エカイエ：カキあけ職人のこと。

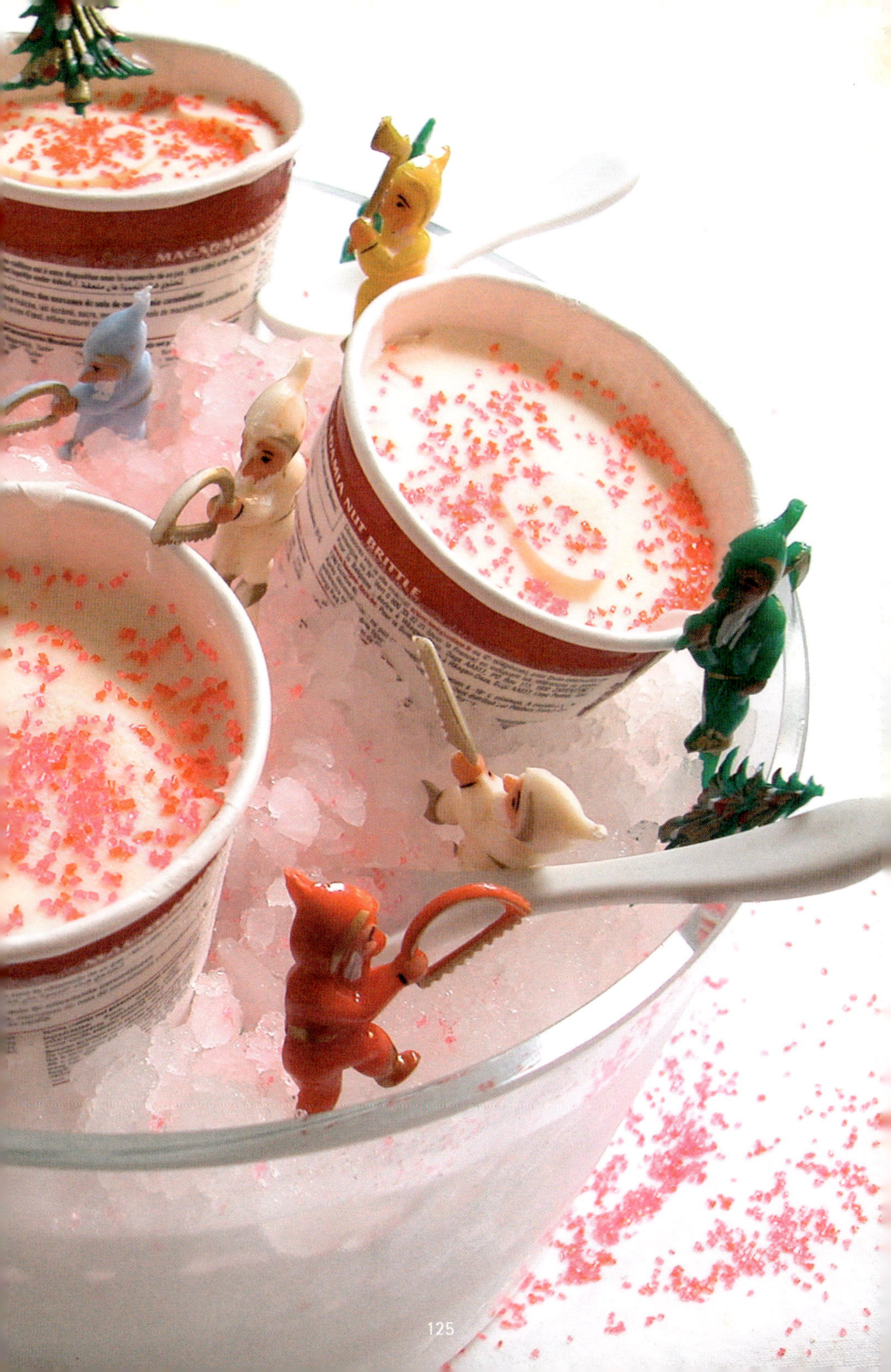

氷のプレゼント CADEAU GLACÉ

氷のプレゼントの作り方。まず、タッパーウェアの底に少量の水をはって凍らせ、薄い氷を作ります。そこに贈り物のオブジェを並べて水をはり(オブジェ全体が浸かるほどの高さに)、さらに凍らせます。深皿にこれをあけ、色のカラフルなリボンを波に見立てて飾りつけましょう。ただし、ディスクマンでこれを試さないように。

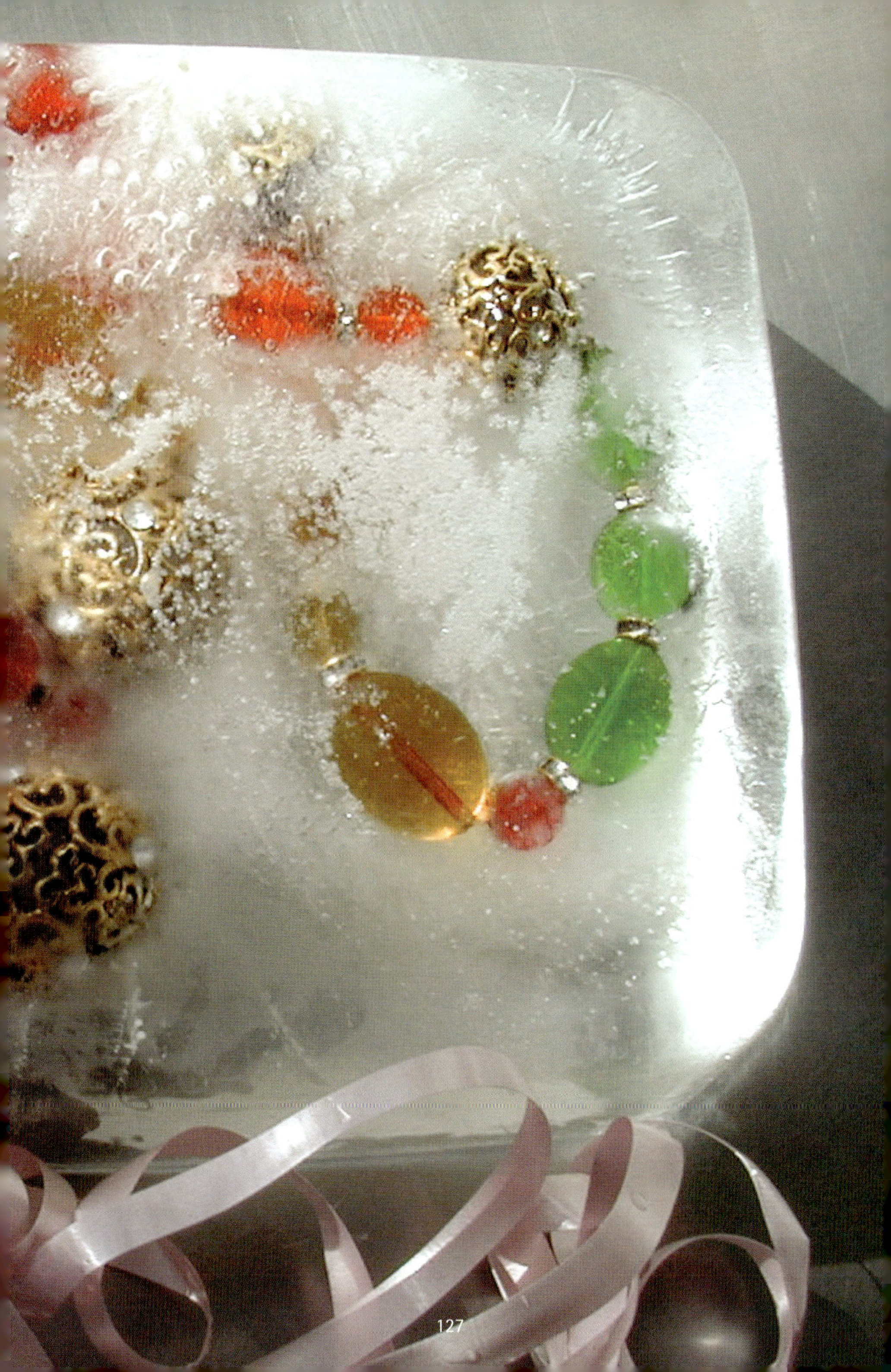

**MAQUILLAGE
PERRUQUES
ACCESSOIRES**

LE 31
大晦日

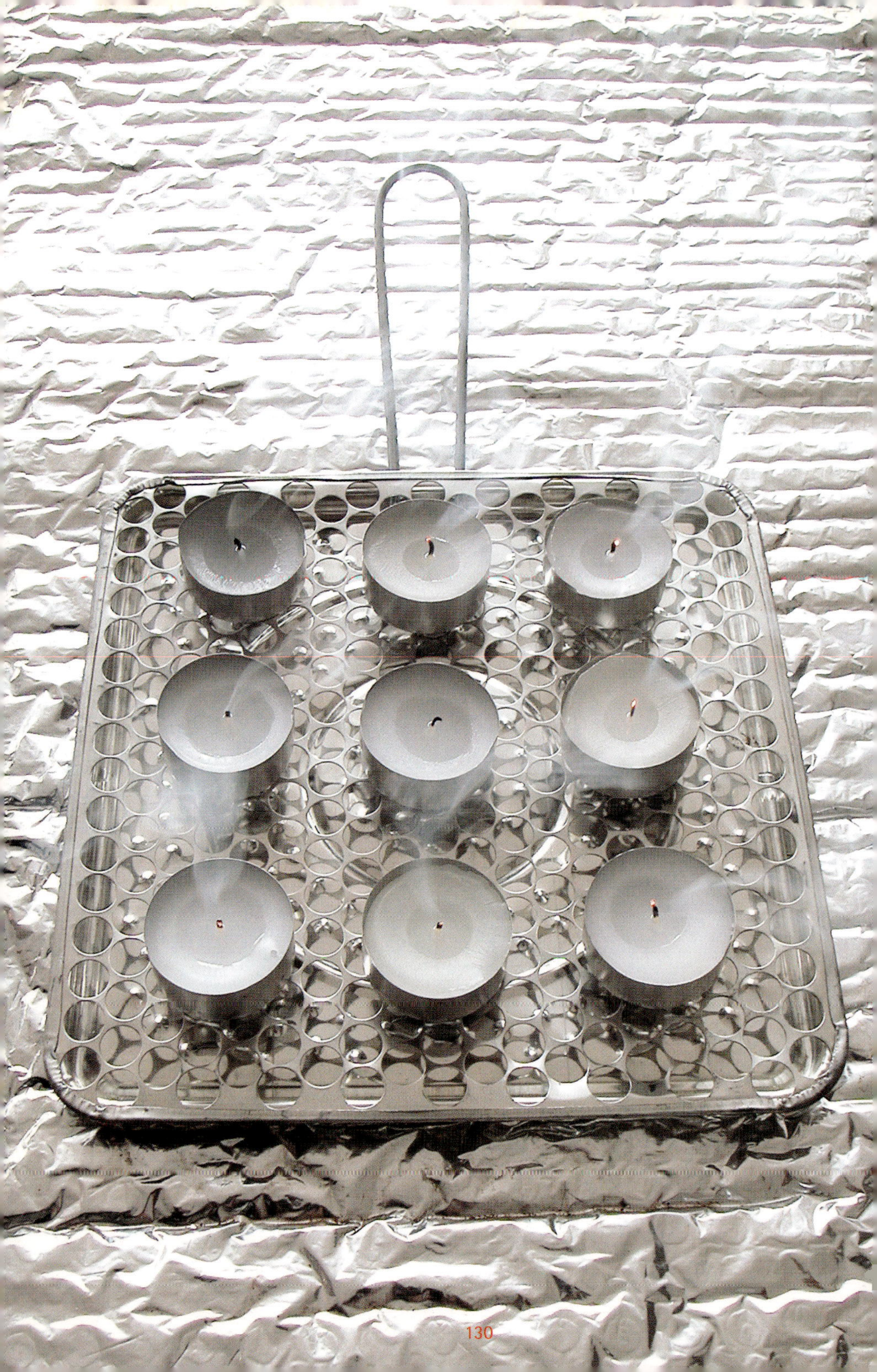

パーティー用の銀器 ARGENTERIE DE FÊTE

どこの家にもある「銀器」をどんどん活用しましょう。グリル用の網には小さなキャンドルを並べて、マフィンの焼き型プレートは花瓶に見立てて、それぞれ救命シートをテーブルクロスにしてその上に置きます。ろうそくも花も白いものを選んで、今夜は「白い夜(＝フランス語で徹夜することをこう言う)」になることを予告するのです。

パーティーの始まり DÉBUT DE SOIRÉE

バケツいっぱいにクラッシュアイスをつめて、ヴォッカとグラスを冷やします。白クマの助けを借りて、小さなアラスカの氷原を再現します。アペリティフ用のビュッフェは、紙のとんがり帽子を、色とりどりの紙玉をつめた瓶やグラスに逆さに挿して、盛りつけをします。

133

ヒック、プレゼントだ！ HIPS... LES CADEAUX

大晦日に交換するささやかなプレゼントたちは、食材パックに白い紙ふぶきを散らせ、ラップをかぶせてパッキング。ヒック……（しゃっくりを止めるには、冷たい水の入ったコップにスプーンを立てて、息を止めて一気に飲み干すのがコツ）。

135

シック、テーブルに着きましょう！
CHIC, ON PASSE À TABLE!

大晦日に招待した大勢のお客さまが全員座れるように、ランチョンマットは縦に並べる（こうすれば、3人につき1人分ほど余分に場所が稼げます）。今夜は人数が多いので、銀紙をランチョンマット代わりに人数分だけ切って、大きなガラスの皿を置いて、その下にハーブや色紙をしのばせます。「お婆ちゃまの舌（＝吹き笛）」も、このときばかりは役に立って、かわいいナイフ置きに！

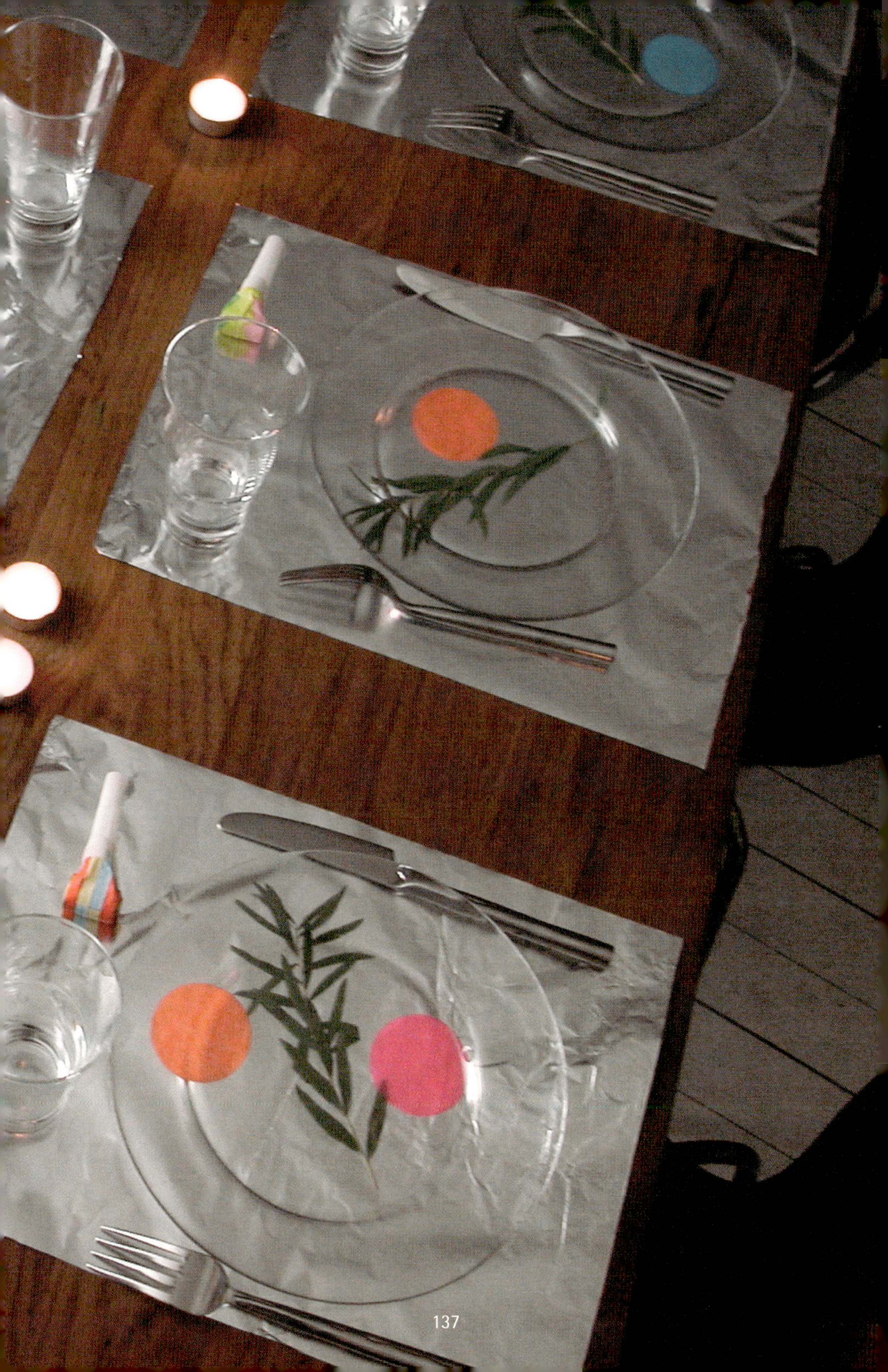

フー、午前零時です HOU, C'EST MINUIT

……小さなろうそくから放たれる明かりのもと（家にとり置いてあったいろんな形のガラスの瓶を逆さに伏せて、なかにカラフルな紙玉をつめる）、新年を祝ってキスを交わし合い、ヒック、「明けましておめでとう、今年も健康に恵まれますように」と言い合って……ヒック、過ぎた1年の不幸な出来事はすべて忘れ去って……ヒック、すてきなことばかりが起こりますように……（しゃっくりを止めるには、グラスとスプーンをどうするんだったっけ？）

139

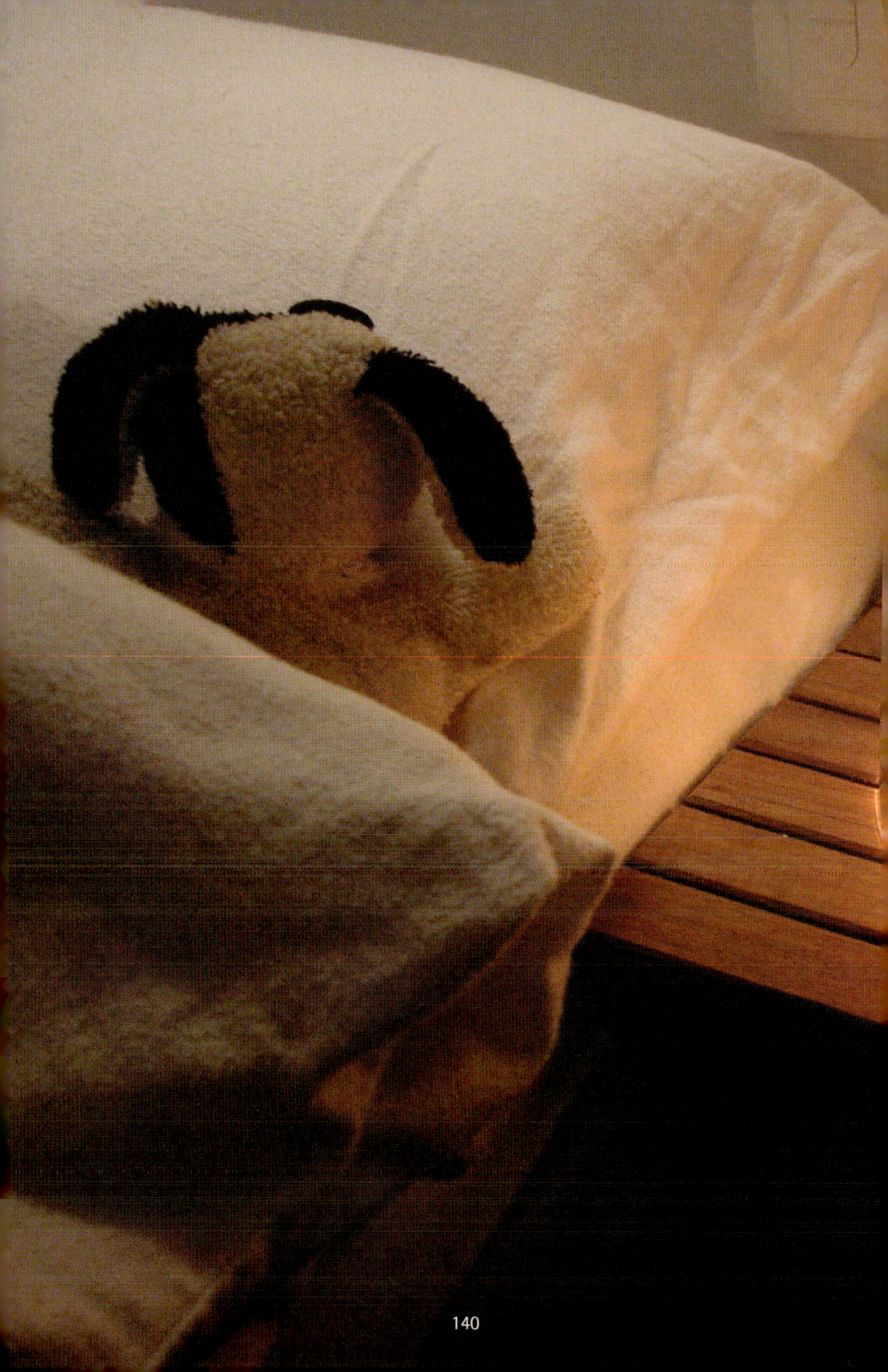

DORMIR ENFIN.
ようやく眠りに……

謝辞

パイレックスとデュラレックス（ともに耐熱ガラスのメーカー）に、そしてヴェニリアとオランジーナに、ソプラン（キッチンペーパー）、キャプテン・クック（サーディンの缶詰）と犬のピフ（p.9）に、私たちの幼い頃の思い出でいてくれたことに感謝します。スマート社には私の愛しい車を作ってくれたことに感謝します。フリスキーにも私の猫から感謝。トゥティー・フィエスタには、パーティーの成功を助けてくださったことに感謝します。メラニー・マンショ（写真p.40・41）、トマ・ラグランジュ（写真p.45）、ミレイユ（p.36）、あなたたちの才能に感謝します。オルガ、フェリックス、グゼニア、愛くるしいあなたたちにもお礼を言います。お気に入りのおもちゃを機嫌よく貸してくれたおかげで、クレーシュを完成させることができたのです。
タング氏とそのご兄弟、青島（チンタオビール）、ボンベイ・ブラッスリー（p.97）、ブラディー通りの全員に感謝します。ヌーヴェル・キャピタル（p.86）の中華のテイクアウトには毎日お世話になりました。その他の商品を提供してくださった各社にも、本書の刊行にあたり撮影を許可していただき感謝しています。

日本の読者の皆さまへ

以前から私は、もし１年だけどこか外国に住むとしたら、日本を選ぶだろうと考えていました。日本人は日常の生活の端々に、繊細で美しい工夫を凝らすことに長けているし、それが習慣として根づいていることに、ずっと以前から感心させられていたからです。８０年代のバブルがはじけて、贅沢が当然のようになっていた時期は去り、２１世紀の日本はデフレで幕を開けました。不景気に辟易として、少し元気はないものの、より少ない予算でより賢いもの選びをするという、そんな良識が戻ってきたのではないでしょうか？　本来のフランス人は、お金がなくても生活を楽しむことを得意としてきました。ところが最近はファッション・ビクティムなる人種が増えてきて、そういう美徳は忘れられがちです。私も以前広告代理店のアートディレクターを務めていたときは、ファーストクラスで世界をまたに駆けて飛び回っているうちに、金銭感覚を失い、人に指揮を与えるばかりで、自分の手をわずらわせて何かを作り上げる、という喜びからは遠のいていました。ある日そんな自分の姿に気づいて、この職を去り、本書のようなコンセプトを基本とした活動を行うようになったのです。
簡単で家にあるものを工夫しただけなのに、心のこもった遊び心いっぱいのおしゃれなおもてなしができる、この本にはそんなアイデアが満載です。皆さまにフランス流チープシックを楽しんでいただければ、と願います。

読者の皆さまも、ご自分ですてきな「テーブルコーディネート」を実現したら、その写真を当方に送ってください。デジタル画像のものが望ましいです。その後はどのように話が広がるか誰にも予想できないから。なので、あなたの名前と連絡先を忘れずに、ペリフェリ社、17 rue Rouget de Lisle, 92240 Malakoff まで。弊社のサイト www.laperipherie.fr にメールしてくださっても結構です。

訳　薛善子／せつよしこ

兵庫県西宮市生まれ。パリ在住。英仏日、3カ国語の会議通訳でパンを稼ぎながら、翻訳家・執筆家としての活動の場を広げている。訳書『インチキな反米主義者、マヌケな親米主義者』（アスコム）、『ジュテーム』（青山出版社）、『メゾン・デュ・ショコラ』、『スパイスの見る夢・フォション』（仏Hachette社）他。特技は遠泳と素もぐり。愛車はフィアットのバルケッタ。独身。

マルティーヌの
テーブルコーディネート
発行日　2004年9月10日　第1版第1刷

著者　マルティーヌ・カミリエリ
訳者　薛善子
装丁・本文デザイン　梅田敏典、小林淳美（梅田敏典デザイン事務所）

編　集　小澤由利子
編集長　古庄修
編集人　日暮哲也
発行人　鈴木憲一
発行所　株式会社アスコム
　　　　〒102-0083　東京都千代田区麹町5-3　麹町中田ビル
編集部　TEL 03-3239-5374
営業部　TEL 03-3239-5371　FAX 03-3265-7070

Original title : tables éphémères
Author : Martine Camillieri
Photographer : Frederic Lebain
Copyright © 2003 Tana Edition _ original version
Japanese edition © 2004 Ascom
ISBN4-7762-0189-5

印刷　凸版印刷株式会社

本書は著作権上の保護を受けています。
本書の一部、あるいは全部について、
株式会社アスコムから文書による許諾を得ずに、
いかなる方法によっても無断で複写することは禁じられています。

落丁本・乱丁本は、お手数ですが小社営業部までお送りください。
送料小社負担によりお取り替えいたします。

定価はカバーに表示しています。